中华先烈人物故事汇

邓中夏

主 编
张树军

副主编
王相坤

编 著
王相坤　李克实

学习出版社

目 录
Contents

引 子

邓中夏，1894年10月5日生，湖南宜章人，1933年9月21日在南京雨花台英勇就义。

邓中夏是我党早期卓越的领导人，杰出的工人运动领袖，无产阶级革命家和马克思主义理论家。曾当选为中共中央委员、中央临时政治局候补委员。2009年9月被评为"100位为新中国成立作出突出贡献的英雄模范人物"。

邓中夏1915年考入湖南高等师范学校，1917年考入北京大学，是一代革命青年的代表人物。1920年4月成为中国最早的共产党员之一，当年10月，参与创建北京的共产党早期组织。1921年7月，参与党的一大筹备工作。1922年任中国劳动组合书记部主任，担负全国工人运动领导工作，参加领导了长辛店、京汉铁路、开滦煤矿、上海纱厂等罢工斗争。1923年参与创办上海大学，任校务长。1925年任中华全国总工会秘书长兼宣传部部长，组织领导了省港大罢工。1927年6月，任中共中央秘书长，最先提出南昌起义的建议。在党的八七会议上当选为中央政治局候补委员，先后任江苏省委书记、广东省委书记。1928年4月赴莫斯科，任中共驻共产国际代表团成员，其间同王明集团的宗派主义进行了坚决斗争。1930年9月任中共湘鄂西特委书记、红二军团政委、前敌委员会书记、中央革命军事委员会委员。1932年秋任中国赤色互济总会主任兼党团书记。1933年5月不幸被捕，在狱中坚贞不屈，大义凛然。1933年9月21日，邓中夏被敌人杀害于南京雨花台，时年39岁。

邓中夏一生勤于思考，善于思索，体现出对中国革命的不懈求索和对历史责任的勇敢担承。不论在什么条件下、在什么样的环境中，他始终坚持党性原则，始终把党的利益放在第一位，像一团炽热的火焰，一生都在为理想燃烧，为党和人民燃烧；犹如一座光芒四射的灯塔，在中国革命的光辉征程中，闪耀着明亮耀眼的光芒。

01

在中国革命的光辉史册上，有一位中外闻名、功高望重的共产党人，被公认为我党早期卓越的领导人，杰出的工人运动领袖，无产阶级的革命家和马克思主义的理论家。

这是个彪炳日月、功垂竹帛、青史流芳的伟大名字——邓中夏！

五岭逶迤，白沙流急。1894 年 10 月 5 日，邓中夏出生在湖南省宜章县五岭镇邓家湾一个封建官吏家庭。邓家湾是个小村庄，离宜章县城约 20 华里，位于湖南省的南部，五岭山脉之北。这里山清水秀，景色绮丽，交通便利，波光粼粼的白沙河从村西径直流过。100 多年前，邓中夏就是从这里出发，走出宜章，走出湖南，走向中国，走向世界，成为著名的一代革命领袖。

邓中夏的祖上原是农民，生活艰难，家境贫困。后来祖父被官府抓丁当兵，在外面开了眼界，返乡后弃农经商，挣了钱开始置房买地，到晚年成为地主。"万般皆下品，惟有读书高"，有钱就得让子女读书。于是邓中夏的父亲邓典谟头悬梁、锥刺股，考中了清朝举人，做了湖南衡山县知事。

邓中夏出生的时候，家境上乘，家道富裕，是个"富三代"。可惜7岁那年，瘟疫夺去了母亲的生命。不久，父亲续弦，为邓中夏找了个继母。对这个继母，人们有不同的评价，好的像朵花，坏的像豆腐渣。不过，清官难断家务事，继母的确不好当，外人也不好过多评价。因为邓中夏夜里经常尿床，又不够卫生，于是继母让邓中夏和家里的长工在一起吃住。在外人看来，这个继母真是够狠的。

"福兮祸之所伏，祸兮福之所倚。"继母的安排，倒是给了邓中夏接触劳动人民的机会，使他切身了解到穷苦人的生活，养成了同情劳动人民的情结。

1913年秋天，19岁的邓中夏按照继母指派，到乡下向农民收租子。他看见佃户的稻子没有割完，就帮着干了起来。傍晚，稻子脱粒后，佃户按租约称好给东家的粮食。

邓中夏一看，佃户交租后所剩无几，心中不忍，立即从租谷中拨出几斗给佃户。

佃户十分感激，又非常担心："你这样做，怎么向你娘交代？"

邓中夏说："粮食是你种的，我们家收的租子比你得的还多，这公平吗？租子我来收，我就作主，回去我往粮仓里一倒，谁还会去量？"

邓中夏与劳动人民的真情实感，于此可见一斑。而这显然与继母无意间对邓中夏的"苦难教育"方式密切相关。

依照传统的世俗观念，四民分业，士农工商，以士为首。士，就是读书人，读书人可能就是做官的人。父亲学而优则仕，自然期待邓中夏光宗耀祖，再上层楼。7岁那年，邓中夏被送进村里的私塾读书，读了6年之乎者也，打下扎实的国文功底。1907年，父亲又送他到离家不远的樟桥小学读书。1911年春，邓中夏考进宜章县立高等小学，于第二年以"最优等第一名"的成绩毕业。

邓中夏在高等小学读书期间，中国爆发了反对清王朝的武昌起义，辛亥革命取得了胜利。湖南革命党人也推翻了清王朝在湖南的统治，宣告全省独立。革命风暴吹到宜章，17岁的邓中夏极为兴奋。从此，他把课余时间都用来阅读各种新书和报刊，开始接触资产阶级革命派的民族民主思想，开始崇拜孙中山、黄兴、宋教仁等革命家。

高小毕业，该上中学了。但宜章当时没有中学，邓中夏只得到邻近的郴县（今郴州市）联合中学求学。然而，这所学校的校风陈腐，教员多是封建思想浓厚的老学究。已接触革命新风的邓中夏对此很是失望。1915年，邓中夏得知湖南高等师范学校招生，决心中断中学的学业，到长沙报考。由于自己中学还没有毕业，邓中夏借了哥哥的毕业证书，改名邓康，前往长沙。邓中夏以优异成绩考取湖南高等师范学校文史专修科。

湖南高等师范学校，是湖南大学的前身，位于岳麓书院内。岳麓书院坐落于湘江西岸的长沙岳麓山下，是世界上最古老的学府之一，处处闪烁着时光淬炼的人文精神，那副著名的对联"惟楚有材，于斯为盛"，就挂在学校的大门口。在这里，邓中夏认识了在学校执教的杨开慧的父亲杨昌济先生，在杨先生家中，又结识了其在湖南第一师范的学生毛泽东和蔡和森。由于志向相同，对民主革命思想十分推崇，邓中夏和大一岁的毛泽东、小一岁的蔡和森，很快成为一生的挚友，共同成长为新一代"惟楚有材"的优秀代表。

在进步书刊的影响下，在杨昌济等老师的启发教育下，邓中夏的爱国主义思想和民主主义思想越来越强烈。他关心国家命运和社会状况，痛恨帝国主义对中国的侵略，厌恶封建势力阻挠社会进步，经常和毛泽东等热血青年畅谈于湘江之滨，论辩于橘子洲头，指点江山，激扬文字，为眼下中华民族的命运忧心忡忡，为将来中国的前途殚诚毕虑。

湖南高师文史专修科的学制是两年。1917年6月，邓中夏以优异成绩从学校毕业。这一年，邓中夏23岁。但对知识的渴望，对民族存亡的责任感，使邓中夏不满足于平庸无为的生活。恰好在这一年，北京大学由资产阶级思想家和教育家蔡元培出任校长。为了探索救国救民的道理，邓中夏决定投考北京大学。而邓典谟此时恰好奉调京城做官，于是邓中夏说服父亲和自己一起来到北京，父亲做官，邓中夏考取北大国文门即中文系。

蔡元培学贯中西，宦海浮沉，50岁当大学校长，60岁任国民党大员。担任北大校长后，蔡元培聘请了一批著名的教授学者到北大任教，包括新文化运动的倡导者陈独秀，《新青年》杂志编辑李大钊，以及鲁迅、胡适、钱玄同等。其时蔡元培刚50岁，对学生参加政治活动采取不赞成的态度，但从兼容并包的方针出发，对20岁以上的学生又网开一面，准许以个人身份参加政治团体。依照蔡校长的教育方式，那时在北大上课很是灵活，学生可以听课，也可以不听课，只要学出成果就行，不管你怎么去学，有了成绩就是好学生。而在风声鹤唳、民族危亡之际，具有民族气节的热血青年对政治格外关心，北大的各种进步社团由此纷纷建立起来，爱国救国的政治活动也得以不断开展。

"清操厉冰雪，赤手缚龙蛇"，这是当时邓中夏为自己书写的座右铭。刚进北大，邓中夏的名字还叫邓康；因为23岁了，照蔡校长的规定，邓中夏可以较为自由地进行社会活动。北大包容的社会环境和政治氛围，为邓中夏的思想演进提供了良田沃土。北大藏书丰富的图书馆，成为邓中夏最爱光顾的地方。各种新出版的书刊，只要能够借到，他都认真阅读，对各种宣传新思想、新思潮的书刊，他更是爱不释手。

当时的北大图书馆主任，是大名鼎鼎的李大钊。李大钊，生于1889年10月29日，1927年4月28日壮烈牺牲，是中国共产主义运动的先驱，伟大的马克思主义者，杰出的无产阶级革命家，中国共产党的主要创始人之一，在中国共产主义运动和民族解放事业中占有崇高地位。那句"试看将来的环球，必是赤旗的世界"，是李大钊留给后世最激动人心的名言。邓中夏对学校的进步教师非常尊重，对李大钊更是推崇备至，经常向李大钊请教人生奋斗和救国救民的道理，对李大钊组织的各种活动积极参加，并且总是走在前头。

这时的邓中夏，对新世界、新思想充满了渴望，充满了期冀，充满了向往。他在一首诗中写道："觉悟的门前，便是刀山剑树。兄弟姊妹们啊！我们开门呢？不开门呢？"

邓中夏的选择，当然是开门，勇敢地开门，义无反顾地开门。就在邓中夏进入北大不久，列宁领导的伟大的十月革命爆发了。中国进步知识分子从中看到了光明和希望，受到了激励和鼓舞，找到了一把改造社会、创造历史的光明锁钥。

时代造就英雄，英雄辉耀时代。在当时的中国知识分子中，李大钊是最早接受十月革命影响的代表人物。从1918年年初起，李大钊就开始宣传十月革命，指出十月革命是"人类全体的新曙光"，号召先进青年"趁着这一线的光明，努力前去为人类活动，作出一点有益人类的工作"。

在李大钊的帮助和指引下，邓中夏对俄国十月革命也予以极大注意。他多方面搜集资料，研究十月革命的经验。邓中夏为人热情豪爽，朴实正直，属于外向型的性格。刚入北京大学，邓中夏常慨叹国家民族将陷于沦亡，表现出焦急、愤怒的心情。从知道十月革命，到1918年年初的3个月间，邓中夏变得沉默寡言，经常陷入深思远虑。他在思考中国的前途，探索怎样打开中华民族国富民强的大门。经过几个月的思考对照，邓中夏得出了和老师李大钊同样的结论：只有接受马克思主义，"走俄国人的路"，中国才能得救，中国人民才能得救。

这一年，邓中夏24岁。八方风雨，相激相荡，经过漫漫求索，在时代风暴的推动下，邓中夏终于找到一条救国救民的正道坦途。从此以后，邓中夏总是兴致勃勃、终日辛勤地为革命工作。不论是顺境还是逆境，邓中夏的脸上都看不到一丝烦闷愁苦的表情。因为他坚信，中华民族的独立和中国人民的解放一定能够实现，共产主义一定能够取得最后的胜利！

02 唤起民众

有了人生的奋斗目标，就要有具体的行动。邓中夏的行动，首先是唤起民众。

"生逢强盗秽国时，儿女醉心救国事。"这是邓中夏早期所作《孤鸾曲》中的诗句。从 1918 年的春天开始，邓中夏一面认真学习近百年来的中外历史，研究军阀统治下的中国社会现状；一面在同学中积极活动，寻求志同道合的战友。每天早晨，邓中夏都要到北大第二院去看书、学习、开会；中午和下午则到校外活动；晚上，常常到 12 点以后方能就寝。邓中夏善于同他人交往，语言表达能力超群，具有很强的组织和协调能力，因此很快寻找到一群志同道合的朋友，成为著名的学生运动积极分子。

1918 年 5 月，邓中夏参加和领导了北京第一次由大学生发起的反日救国运动。

第一次世界大战爆发后，日本帝国主义侵略者趁西方资本主义列强无力东顾之机，打着反对德、奥等同盟国的旗号，加紧侵略中国的步伐，出兵山东，攻占青岛，从德国手中抢去了山东半岛。1915年5月，日本帝国主义趁袁世凯妄图复辟帝制、需要外国列强支持，强迫袁世凯接受他们炮制的"二十一条"。因为这个丧权卖国事件发生在1915年5月7日，这一天，随即被中国人称作"国耻日"。1918年5月，日本又利用皖系军阀段祺瑞急于从日本获得军火贷款的心理，强迫北洋政府与其签订中日共同防敌军事协定，以反对苏俄为借口，大举侵入我国北方，控制了我国东北北部的广大地区。

北洋政府的卖国行径，遭到中国人民的坚决反对。在此后同为党的一大代表的李达、李汉俊等留日学生号召下，1918年5月21日，北京大学等北京高校学生2000多人，浩浩荡荡前往新华门总统府请愿，要求废除中日共同防敌军事协定，收回山东半岛。这是我国有大学以来第一次大规模的学生运动，邓中夏是这次学生运动的主要组织者和领导者之一。这时北洋政府的大总统，换成了嘴皮子很溜的直系军阀冯国璋，只不过不是正式总统，而是一个代理总统。冯国璋迫于压力，接见了学生代表，用花言巧语欺骗了不谙世事的学生。学生们卷旗收兵，高高兴兴地返校了。之后，北洋政府不但没有废除卖国协议，反而和日本政府签订了实施协定的所谓办法。

第一次学生运动无功而返，无果而终。军阀政客的无耻嘴脸使学生们认识到，组织一两次游行示威，根本救不了中国，必须进行深入持久的斗争。这次游行示威后不久，在邓中夏等人的倡导下，北京一部分爱国学生组织了学生救国团。7月，北京学生救国团的代表会同天津救国组织的代表，先后到济南、南京、上海等地联络，经过一个多月的工作，学生们成立了一个全国性的秘密团体——学生救国会。学生救国会的总部设在北京，邓中夏、许德珩等被推选为负责人。

1918年8月，毛泽东、蔡和森为组织新民学会会员赴法国勤工俭学，从湖南来到北京。这时，湖南高等师范学校已经停办，杨昌济先生也来到了北京大学，在北大哲学系任教。3个湖南好友和自己的老师又会聚到一起。不久，杨昌济介绍毛泽东到北大图书馆任书记，从事公文抄写等工作。毛泽东的工作室紧靠李大钊的办公室，都在北大红楼一楼的东南角。邓中夏常去李大钊处，与毛泽东见面的机会自然更多了。他们在一起研究新思潮、新理论，讨论国家大事，还一道进行社会调查等活动。

由于军阀政府的严酷统治，学生救国会不能公开活动，因此大家决定创办一份《国民》杂志，进行公开的反帝爱国宣传。1918年10月29日，《国民》杂志社在北京召开成立大会，蔡元培应邀出席会议，李大钊被聘为杂志顾问，由邓中夏负责杂志的筹备创办工作。出版杂志的经费主要由学生救国会成员分摊。《国民》杂志社有100多人，都是北京大学和其他高校的爱国青年，这些人此后多数都成为五四运动的参加者、组织者和领导者。

1919年1月，《国民》杂志在北京出版发行。蔡元培为创刊号写了序言，李大钊等经常在杂志上发表文章。邓中夏也用"大壑"的笔名，经常在上面发表文章。《国民》杂志鲜明的反帝爱国立场，引起莘莘学子的强烈共鸣。尤其是及时报道在法国举行的巴黎和会情况，揭露日本帝国主义对中国的威胁和侵略，在青年学生中产生了很大影响，为五四运动的爆发作了一定的思想准备。

邓中夏是从小山沟走向大城市的，对中国社会尤其是中国农村有很深的了解。他认为，中国是个政治、经济都很落后的国家，劳动人民中识字的很少，不可能单纯通过报刊了解国内外大事，明白爱国救国的道理。但没有广大劳动者参加，救国的目标就不会实现。因此普及平民教育，是实现救国目标的社会基础，让老百姓认识字，是爱国救国的重要工作，爱国学生应当走出校门，向劳动民众传播文化知识和爱国救国的道理。在蔡元培的支持下，邓中夏首先和一些进步学生在北京大学开办校役夜班，为不识字和识字很少的工友上文化课，向他们宣讲国内外的时政大事。不久，北大校役夜班就办出了名，不仅本校的工友积极参加，校外一些青年工友也赶到北京大学听课学习。

1919 年 2 月，邓中夏以一位湖南同学的来信为由，在《北京大学日刊》上发表致蔡元培校长的公开信，要求发动全校师生，各自帮助自己的家乡，利用宗祠、庙宇等房屋，设立书报阅览室，帮助各地农民提高文化知识水平。

　　随着唤起民众工作的开展，邓中夏又产生了建立平民教育讲演团的想法，提出以实现教育普及与社会平等为目的，以露天讲演的方式，对贫苦民众进行文化教育。在李大钊和蔡元培的支持下，1919 年 3 月 26 日，北京大学平民教育讲演团在北大校长室正式成立。35 位有志于救国救民的青年学生分成 4 个小组，从 4 月 1 日起，在邓中夏等人的率领下，开始到北京街头进行露天讲演。讲演的场次越来越多，讲演的内容越来越丰富，包括国家、权利、平民、寄生虫，等等。讲演活动受到广大市民的欢迎，听众接踵而至。有时"黄沙满天，不堪张目"，讲演也照常进行，而听讲者同样十分踊跃，屏息倾听，"出乎意料"。

　　邓中夏身材高大挺拔，面貌白皙红润，眼睛光亮有神，讲演时声音洪亮，旁征博引，引人入

胜，具有很强的鼓动性。

由邓中夏发起组织的平民教育讲演团，得到社会各阶层进步人士的重视和赞扬。于是，北京高等师范学校（今北京师范大学）等院校，也相继组织了平民教育讲演团，经常对劳动群众进行露天讲演。讲演活动不仅为五四运动爆发提前做了思想上的准备，而且使学生的爱国斗争能够及时得到广大群众的支持，对五四运动开展起到了显著的推动作用。

北京大学平民教育讲演团，是邓中夏唤起民众的倾力之作，前后持续了5年时间。5年中，讲演团经常向北京城区和郊区的工人、农民进行宣讲，同时把讲演活动推向全国各地。五四运动后，各地青年学生纷纷走向社会，走上街头，向群众宣传进步思想。一些地方更是通过讲演，直接把马克思主义传播到社会的各个阶层。

邓中夏是平民教育讲演团的发起人，在1921年以前，一直是讲演团的实际负责人，先后担任过总务干事和编辑干事。讲演团的许多文件、讲稿，都出自邓中夏的手笔。通过组织和领导讲演活动，邓中夏进一步了解了劳动人民，锻炼了宣传和组织才能，为成为杰出的群众领袖准备了条件。而这一切在当时无疑具有开风气之先、领时代之新的特殊意义，因此毛泽东曾称赞邓中夏是"知识分子与工农运动相结合"的典范。

03

五四风雷

　　1919 年 5 月，轰轰烈烈的五四爱国运动山呼海啸、气冲霄汉般爆发了！

　　五四运动在中国历史上具有分界点的重大意义，它像一声惊雷，炸醒了沉睡的东方雄狮，震惊了帝国主义列强，炸出了一个中国历史的新时代。邓中夏自始至终以满腔热情投身于这场伟大的爱国民主运动。

　　5 月的北京，春回大地，柳绿花红，是一年中最具生命力的季节。但 1919 年 5 月的北京，却笼罩在一片暗淡悲哀的愁云惨雾之中。

　　这一年，是第一次世界大战结束的头一年。第一次世界大战，是欧洲帝国主义列强之间斗争的结果。战争发起者德国，在 1897 年强占了中国的山东半岛胶州湾。与中国只有一水之隔的日本，早就对中国饱藏虎狼之心，对胶东半岛垂涎三尺，于是在 1914 年 8 月借对德宣战之机，占领了德国在中国的所谓租借地。1917 年 8 月 14 日，中国北洋政府对德宣战，成为第一次世界大战的参战国。既然是参战国，战争胜利了，德国侵占中国的地盘理应还给中国。但北洋政府为了从日本获取贷款，用于自己组建军队和贿选开支，在日本的威逼下，竟然由驻日公使章宗祥向日本递交换文，"欣然同意"把德国的租借地转给日本。这样，作为战胜国的中国，不仅没有在战后收回自己的权益，反而被日本扩大了侵略。而这个"换文"，又为其他帝国主义列强瓜分中国领土提供了借口。

这时北洋政府的大总统，又换成了徐世昌。徐世昌是北洋军阀中的元老派，有点像历史上的宋徽宗，画画很有一手，字也有瘦金体的味道。但军阀的本质决定了其投降卖国的本性。1919 年 1 月 18 日，巴黎"和平会议"召开，北洋政府和广州军政府联合组成中国代表团，以战胜国的身份，挺着胸脯走进会场，提出取消列强在华各项特权等要求。但巴黎和会在帝国主义列强操纵下，不但拒绝了中国的要求，而且明文规定把昔日德国在山东的特权，全部转让给日本。北洋政府的代表居然准备在"和约"上签字。

巴黎和会期间，中国人民特别是广大知识分子，非常关心会议的召开情况。邓中夏在《国民》杂志上多次发表文章，把帝国主义在会上的罪恶勾当及时报告给广大民众。5月1日，北洋政府妥协投降的消息传回中国。这犹如晴天霹雳，引起人们极大的震惊和愤怒。北京的学生更是义愤填膺，群情激昂。当天下午，邓中夏等在《国民》杂志社紧急召集北京各校学生代表商议，讨论应对办法，并以《国民》杂志社名义，通告北大全体同学。

5月3日晚，北京全体学生大会在北大法科大礼堂举行。北京高等师范学校等学校都有代表参加，邓中夏等主持了这次会议。参加会议的学生情绪激愤，怒火中烧，有写血书的，有意欲自杀以警示国人的，会场上哭声不断，吼声震天。会议号召大家奋起救国，要求中国专使坚持不在协议上签字，同时通电各省，于5月7日国耻纪念日共同举行游行示威，号召北京的学生于第二天下午齐集天安门，举行北京学界大示威。

1919 年 5 月 4 日，一个浓墨重彩改写中国历史的庄严日子，一个伟大民族浴火重生的辉煌日子！这一天，北京城晴空万里，云淡风轻，但人们只觉得头顶阴霾密布，心底风急云生。下午 1 点多钟，北京 13 所高校的 3000 多名学生，打着横幅，举着标语，高喊口号，挥舞着各色各样的旗子，冲破军警阻挠，从四面八方向天安门会聚。游行示威的学生在天安门前通过了由许德珩、邓中夏等起草的《北京学生界宣言》。接着，同学们高喊"誓死力争，还我青岛""外争主权，内除国贼"等口号，浩浩荡荡向外国使馆聚集区东交民巷进发，目的是让外国人知道中国人民的意志，要求帝国主义国家改变在巴黎和会上牺牲中国利益的决定。

东交民巷，西起天安门广场东路，东至崇文门内大街。第二次鸦片战争后，英、法、美等国在这里设立使馆，1901 年，帝国主义列强又强迫清政府签订《辛丑条约》，吞下了整个东交民巷地区。东交民巷成了国中之国，帝国主义在这里拥有驻兵特权，却不许中国人在这里居住，不许中国政府在这里设立衙署，中国政府对东交民巷的事务完全无权过问。1949年1月31日，北平和平解放，2月3日，毛泽东命令中国人民解放军全副武装昂首通过东交民巷，由此洗刷了半个世纪中国武装人员不得进入东交民巷的耻辱。

北洋军阀政府连争取正当的民族权益都噤口卷舌，就更不敢触碰列强的一根汗毛了。因此学生游行队伍顺着尘土飞扬的灰沙土路来到东交民巷西口，被北洋政府的军警强行拦阻，相互僵持达2个小时。由于不能向帝国主义国家陈情抗议，找不到冤头就找债主，学生们一呼百应，由此向北，去找与日本密谋"二十一条"的卖国帮凶曹汝霖问罪。

曹汝霖当时住在北京的赵家楼。赵家楼位于北京长安街东端之北。从东交民巷到赵家楼，有近10华里的路程。大家一路上高呼口号，向路边的人群进行爱国宣传。愤怒在人们的心头越聚越多，怒火在人们的心中越烧越旺。游行队伍到达赵家楼曹宅门前，已是下午4点左右。人们憋压很久的怒火，犹如火山爆发般地喷射出来。

这时的曹汝霖，是北洋政府交通总长，也就是北洋政府的交通部部长。但段祺瑞执政时，曹汝霖是军阀政府的外交次长，即军阀政府的外交部副部长。屈辱卖国的"二十一条"，就是曹汝霖在军阀政府授意下，与前后两任驻日公使陆宗舆、章宗祥相互勾结，在日本人诱逼下炮制出来的。为了军阀私利，曹、陆、章和北洋军阀同流合污，数典忘祖。在巴黎和会上，帝国主义列强就是拿着这些所谓条约，逼迫中国人吞下列强酿造的苦果。冤有头，债有主，爱国学生的斗争目标，很明确。

签订"二十一条"时，曹汝霖费尽心机，奴颜婢膝，并亲自送到日本公使馆，之后又假惺惺称自己"心感凄凉，若有亲递降表之感"。明知是投降卖国，还不顾廉耻地去干，显属卖国贼无疑。

卖国贼总想着卖国。全国抗战开始后，曹、陆、章做了汉奸。曹汝霖成了伪华北临时政府最高顾问，陆宗舆被汪精卫伪国民政府聘为行政院顾问，章宗祥任伪华北政务委员会咨询委员。后曹汝霖担任伪职，但未给日本人出力。

　　5月4日，曹汝霖十分嚣张，非常狂妄，不仅要求警察总监加派200名警察守护曹宅，还让章宗祥和日本人来到自己的家里，密谋于暗室，商讨对策，公开向爱国学生示威。学生们到达赵家楼时，曹宅内外警察林立，曹宅门窗紧闭，一个人影都不见。数千名的学生在曹宅外怒不可遏，高呼口号，曹汝霖等人在室内充耳不闻，谈笑自若。此情此景，激怒了正义的学生。几个同学跳上围墙捣毁铁窗，冲入院中打开大门。这时曹、章不淡定了，仓促间一个躲入箱子间，一个钻进锅炉房。学生们冲进曹宅，冲到室内。而大厅内竟高挂着日本天皇画像！这哪是中国人的住宅？分明是日本强盗的贼窝！怒火变成烈火，呼喊变成行动，同学们把天皇的画像捅了下来扔在地上，又找来汽油泼在上面。同样来自三湘大地的北京高等师范学校学生匡互生，取出身上的火柴，"嚓"的一声，点着画像。画像遇火即燃，烈焰腾腾地跳跃起来。画像中的日本天皇仿佛被烧得瑟瑟发抖，鼻斜眼歪。

　　这把火，烧毁了日本天皇的画像，烧出了中

国人的志气，也烧出了中国人的骨气。鸦片战争以来，帝国主义列强在中国肆意杀人放火，烧得多少中国家庭家破人亡，烧得中华大地哀鸿一片，其最野蛮的一把火，是烧毁了举世皆知的瑰宝荟萃的圆明园。赵家楼的这把火，是正义对非正义的必然惩罚，是对汉奸卖国贼的严正警告。正是这把火，使五四运动与一年前要求收回山东半岛的学生陈情抗议，有了完全不同的斗争结果。

天皇作祟，汽油相助，火势迅速在室内蔓延，在大厅内熊熊燃烧。大火烧着了室内的家具陈设，也把章宗祥烧得像只老鼠，从锅炉房"刺溜"一声蹿了出来，不要命地奔向后门，企图逃脱，被愤怒的同学们堵了个正着。一把把小旗杆对着卖国贼的脑袋乱戳乱打，章宗祥哭爹喊娘，头破血流。兔死狐悲，物伤其类，他最后还是靠着日本人保护，才狼狈逃脱。而曹宅的50多间房屋，也被这把火烧毁了10多间。这就是历史上著名的"火烧赵家楼"事件。

曹宅起火半小时后，北洋政府的大队军警赶到。未及离开的学生被反动军警野蛮逮捕。被捕的学生共有32名，其中北京大学学生20名。

同学们被捕后，邓中夏立即和李大钊及各学生社团负责人研究对策，全力营救。当天晚上，北京各校学生进行集会，会上作出决定：请蔡元培校长等出面营救被捕学生，同时把全校同学组织起来，坚持斗争。北京大学成立了负责整个学生运动的干事会，设总务、文书、纠察等股。邓中夏负责领导文书股，主要任务是对外宣传，负责编辑出版《五七》小报，进行舆论斗争。

从5月5日起，北京各中等以上学校学生实行总罢课，并通电全国各地。北京学生被捕的消息，引起举国上下的极大震动。济南、长沙、上海、天津、武汉等地的学生、工人和社会各界，或发出通电，或上街游行示威，纷纷抗议北洋政府镇压学生的暴行，强烈要求释放被捕学生。5月6日，北京中等以上学校学生联合会成立，邓中夏被选为总务干事。5月中旬，学生联合会派邓中夏到湖南，向毛泽东等介绍北京学生运动的情况。5月19日，北京各校学生同时宣告罢课；随后，全国各大城市的学生也先后宣告罢课，支持北京学生的斗争。

6月3日，北京数以千计的学生涌向街道，向民众开展宣传活动。而北洋政府也决定孤注一掷，开始大肆逮捕爱国学生。6月3日这一天，北京有170多名学生被捕。军阀政府的倒行逆施吓不倒爱国学生，第二天，学生们按照计划，以50人为一批，连续不断、前赴后继，分头到街上演讲。前面演讲的学生被军警逮捕，后面的学生立即跟上。到5日上午，被捕的学生已达1000多人。

北京政府的残暴行径，引起北京各界群众的强烈反对，也激起全国人民的无比愤怒，由此引发了新一轮的全国性的大规模抗议活动。而工人阶级的支持，为五四运动注入了强大动力。6月5日，2万名上海工人开始罢工；6月6日到9日，上海的电车工人、船坞工人、清洁工人等也相继罢工，罢工人数达到六七万人。之后，京汉铁路、京奉铁路及九江的工人，都举行了罢工和示威游行。北京的民众也加入请愿的行列，一些洋车工人甚至把一天做工的血汗钱都拿来给学生买烧饼、茶水。全国22个省150多个城市，都有不同程度的响应和声援。全国人民同仇敌忾，众志成城，一致斥责日本的无理行径，要求中国政府维护国家主权。

面对强大的社会压力，1919 年 6 月 11 日，北洋政府不得不释放被捕学生，罢免了曹、陆、章的职务。徐世昌也装模作样提出辞职。鉴于五四运动取得了初步胜利，6 月 12 日以后，工人相继复工，学生停止罢课；6 月 28 日，中国代表拒绝出席巴黎和会签字仪式；1922 年 2 月 4 日，中国和日本最终签订了《中日解决山东问题悬案条约》，规定日本将德国旧租借地交还中国，青岛海关、胶济铁路等均归还中国，驻在青岛、胶济铁路的日军立即撤退。

五四运动是一场以青年学生为主、全国各个阶层共同参与的爱国运动，它直接影响了近代中国社会的发展进程，成为中国旧民主主义革命和新民主主义革命的分水岭。因其势如暴风骤雨，声似雷霆万钧，又被称为"五四风雷"。

五四运动是一次彻底的不妥协的反帝反封建的爱国运动，它沉重打击了帝国主义和封建势力，显示出中国人民的强大力量。中国工人阶级作为独立的力量登上中国政治舞台，对斗争胜利起到了决定性作用，直接影响了中国共产党的诞生和发展。以李大钊为代表的具有初步共产主义思想的知识分子，是运动的直接领导者。

04 少年中国

　　五四运动结束后，运动的组织解散了，徐世昌的屁股还粘在大总统的位子上，帝国主义列强还在中国的地面上耀武扬威。中国依然是死气沉沉的中国，乌天黑地，万马齐喑。于是，五四运动刚刚结束邓中夏即参加了少年中国学会，希望通过少年中国运动的发展，实现救国救民的斗争目标。

　　少年中国学会，是在 1918 年 7 月 1 日，由王光祈、李大钊等人发起成立，是五四时期人数最多、影响最大、分布最广、时间最长的全国性社团，其成员由不满社会现状、主张社会改造的中国青年组成。后来有人说，当时"中国少年精英，尽数在此"。少年中国学会总会设在北京，南京和成都设有分会，许多省份以至海外都有会员，先后有120 多人加入学会。

少年，本来表示人的生理年龄，涵盖 11 岁至 18 岁，是人生中阳光灿烂、蓬勃向上的季节。少年中国，是借少年的生理年龄特性，寓意一个充满活力、充满希望的中国。少年强则国运昌盛，少年强则中国强，因此少年中国学会的参加者，不只是生理年龄上的少年，而且有学有所成的优秀知识分子和奋发向上的有为青年，不少人年龄都在 30 岁以上。依照李大钊拟定的学会宗旨，是"本科学的精神，为社会活动，以创造少年中国"。

1919 年 7 月，邓中夏经李大钊等人介绍，参加了少年中国学会。虽然参加时间较晚，但由于具有较高的知名度和很强的组织活动能力，邓中夏一加入少年中国学会，就在其中起到骨干中坚的作用，担负着重要的领导工作，并且一干就是 5 年。

五四时期，是一个龙腾虎跃、风飞云会、人才辈出的历史时期，也是各种思想流派百家争鸣、碰撞激荡的社会变革时期。在少年中国学会中，各种思想交锋十分激烈，最终的分化也尤为明显，在中国近代史上打下了深深的印记。之后许多在中国近代史册上留下名字的人物，不论是政治界、思想界、文化界，还是科技界、经济界、教育界，几乎都与少年中国学会有关。

少年中国学会一共存在 5 届。从 1919 年到 1924 年，邓中夏担任过第一届庶务主任，第二届执行部主任，第三、第四、第五届的评议员，主持过整个学会的工作。

在中国共产党成立前后的一段时间，邓中夏曾和李大钊一起，尽力想把学会改造成马克思主义的团体，并介绍毛泽东、恽代英等加入学会。但主持少年中国学会工作不久，邓中夏发现学会没有一个明确的"主义"，会员在政治观点上分歧很大，难以充分发挥学会的作用。他认为，必须为学会确定一个"主义"，这个"主义"在邓中夏看来，就是马克思主义的社会主义。从 1921 年 2 月起，邓中夏多次提出"学会采取何种主义问题"。但由于少年中国学会成立时，马克思主义在中国的传播十分有限，参加的人员具有不同的思想观点和理想追求，要想在中途为少年中国学会确定一个共同的主义，显然难度极大。

1921 年 7 月 1 日至 4 日，就在中国共产党成立前夕，邓中夏还在为此锲而不舍，孜孜以求，希望把这个组织改造成能够真正救中国救民族的先进组织。这一年，在南京召开的少年中国学会第二次年会上，邓中夏确定的会议中心议题，就是"宗旨主义问题"。在大会发言时，邓中夏坚决主张学会应有共同的主义，这种主义的根本内容，就是"主张私产或共产"。邓中夏的观点得到黄日葵、恽代英等代表的同意，也遭到右翼资产阶级知识分子左舜生、陈启天等人的反对。不少持中间立场的会员也主张走学者不问政治的道路。为阐明自己的政治主张，在 7 月 2 日的会议上，邓中夏一天之内先后 4 次发言，明确表示自己的观点，认为只有信仰共产主义的人，才不会为反动阶级培养驯服的奴才，才不会变成剥削工人的资本家。

　　邓中夏的见解，辞简理博，无可非议。事实说明，那些认为学会不该参与政治的人，都与政治脱不开干系：左舜生后来加入了由地主、资本家、军阀等组成的中国青年党，成为国民党独裁、发动内战的御用工具，直到生命的终点时才感悟到，自己一生的道路也许走错了；而陈启天成为中国青年党的主席，出任过南京国民政府经济部部长和工商部部长，成为依附于国民党政权的政客。

在这次年会上，"主义"之争贯穿始终，非常激烈。单单是7月2日的会议，就从上午9点半开到晚上8点，各种意见相持不下，互不相让。其间有人担心这样下去会导致学会分裂。邓中夏理直气壮地表示，只要对创建少年中国有益，学会"即破裂亦何妨"。

经过南京会议，邓中夏认识到，由于学会的多数成员原本是资产阶级知识分子，加上右派的破坏，要把学会整个引向共产主义方向，是不可能的。但邓中夏也看到，学会中思想进步的成员不在少数，通过引导，他们有可能接受共产主义思想。因此邓中夏利用南京会议确定的学会可以组织学术研究会的决定，于1921年10月在北京建立少年中国学会社会主义研究会，他本人被推选为负责人，后又任研究会书记。这些工作，使学会中不少人逐渐成为马克思主义者。

1922年7月，少年中国学会在杭州举行第三次年会。这时邓中夏和李大钊忙于党的工作，不能与会。既是共产党人又是少年中国学会评议员的黄日葵代表李大钊和邓中夏参加了会议。这时，中共二大已经确定了党在民主革命时期的奋斗纲领。为争取少年中国学会参加反帝反封建斗争，李大钊、邓中夏等 6 人联名起草了"为革命的德谟克拉西（民主主义）"的提案，要求学会"对外反对帝国主义的侵略，对内谋军阀势力的推翻"。这份提案语言生动，说服力强，在黄日葵等人的努力下，会议最终通过了这个提案。

1923 年 10 月，南京、上海一带的会员在苏州召开少年中国学会第四次年会。这时邓中夏已经在上海工作，为了争取更多的会员参加民主革命，邓中夏来到苏州，参加了这次会议。在邓中夏、恽代英等人的推动下，苏州会议通过了包括反对帝国主义侵略、打倒军阀、开展民族独立运动等"九条纲领"，作出了"求中华民族独立，到青年中间去"的大会决议。

邓中夏在少年中国学会的几年间，通过创办《少年世界》，创办社会主义研究会，宣传了马克思主义，团结、教育了一部分进步知识分子，使学会在反帝反封建的斗争中发挥了一定的作用。1924年国共合作后，邓中夏、恽代英等人都担负了繁重的党的领导工作，无暇顾及少年中国学会的工作，而随着国民党右派的日益猖獗，学会成员的分歧也越来越大。因此，邓中夏、毛泽东等均主张解散学会。1925年以后，少年中国学会无形中停止了活动。

05 共产党员

腊尽春回，万象更新。从 1918 年春天起，邓中夏在十月革命的影响下，在李大钊的启发引导下，开始接受马克思主义。后来，在组织学生救国会、创办《国民》杂志等实践中，他又加深了对马列主义的理解，增长了马列主义的理论知识。

但是，由于忙于具体的实际工作，缺少系统钻研马列主义的机会，邓中夏对马列主义真理的向往和渴求，一直魂梦为劳，萦绕于胸。五四运动结束后，邓中夏迫切希望有一个安安静静的环境，踏踏实实地坐下来，认真学习马克思主义，深入思考中国革命的问题。

1919 年的暑假，邓中夏邀约罗章龙、杨东莼等十几位同学，租下了北京东黄城根达教胡同四号的一个院子，作为他们居住的宿舍和学习场所。

邓中夏向大家提议，住在这里的人，要共同制订学习公约和生活公约，在生活中一切自理，自己买米买菜，自己做饭洗碗，衣服自己洗，卫生自己干，真正感受到生活的不易，体会到劳动人民的艰难。邓中夏给这所公寓取名"曦园"，意思是在这里的年轻人，要像晨曦那样充满生气，灿若朝霞。

邓中夏曾和长工吃住在一起，熟悉底层劳动者的生活方式和生存状态。这时，曾经的委屈成为生存的长项，不论是背煤炭、生火炉，还是洗菜洗碗、收拾厨房，邓中夏总是拣脏活重活干。当时有钱人家的少爷多是饭来张口、衣来伸手，邓中夏的言行举止显得与众不同，特别可贵。

在曦园期间，邓中夏制订了庞大的学习计划。他既研究中外历史，又认真阅读马克思主义的书刊。从《新青年》《建设》《觉悟》，到《东方》《今日》《亚细亚》，只要登载马克思主义学说和俄国革命的内容，他都细心阅读，做好笔记。同时经常和朋友交换意见，相互启发。

这时，远在千里之外的毛泽东，也在橘子洲头组织"问题研究会"，撰写了《问题研究会章程》，归拢出当时中国需要研究探讨的大大小小共144个问题。1919年10月，邓中夏收到毛泽东从长沙寄来的《问题研究会章程》，立即把《问题研究会章程》拿到《北京大学日刊》上发表，同时说明："我的朋友毛君泽东，从长沙寄来问题研究会章程十余张，在北京的朋友看了，都说很好，有研究的必要。"可谓人隔千里而心心相印，环境虽异而英雄相惜。

不久，毛泽东为领导湖南人民驱逐军阀张敬尧，第二次来到北京。在北京期间，毛泽东经常到曦园来，和邓中夏、罗章龙等人进行交谈和交流。他们交谈的内容非常丰富，而对马克思主义的认识，则是交流的重点。按毛泽东所说，正是在这个时期，他在思想上完全接受了马克思主义，在1920年的夏天，就成为一个坚定的马克思主义者，并最终成为中国人民的伟大领袖。

同样是在这段时间，邓中夏的思想也完全转向马克思主义。1920年3月，邓中夏参加了李大钊秘密组织的马克思学说研究会。参加这个研究会的，都是早期著名的共产党人，包括高君宇、何孟雄、罗章龙、张国焘、瞿秋白等，称得上是盘龙卧虎，群英荟萃，鸾翔凤集。

参加马克思学说研究会后，邓中夏学习马克思主义的积极性更为高涨。他利用一切时间，到北大三院阅读马列著作，认真撰写读书笔记，和大家一起交流学习心得。在李大钊的指导下，邓中夏努力把学到的知识应用到实际斗争当中，率先探索知识分子与工人、农民相结合的道路。从1920年4月开始，邓中夏把原来平民教育讲演团的讲演活动从城市扩展到工厂、农村，把讲演对象从城市贫民和小资产阶级扩展到工人、农民。4月8日，邓中夏亲自带领讲演小组，来到京汉铁路的长辛店，对铁路工人进行讲演，不仅结识了一批工人兄弟，还确定了长辛店为讲演团的一个固定讲演场所，为开展工人运动建立了一块坚实的基地。

邓中夏作为一个坚定的马克思主义者，开始了为共产主义事业奋斗终身的红色人生和革命生涯。

中国人在满腔热情地迎接马列主义，马列主义也在真诚地关注着中国。五四运动和马列主义在中国的传播，引起以列宁为首的共产国际的重视。

共产国际，又名第三国际，是列宁领导创建的一个共产党和共产主义组织的国际组织，存在于1919年至1943年，总部位于苏联的莫斯科。成员最多时包括70多个国家和地区的共产党组织，有400多万名党员。1943年5月，为适应世界反法西斯战争的需要，便于各国共产党独立处理问题，共产国际自动解散。而在1922年7月，中国共产党第二次全国代表大会作出决定：中国共产党参加共产国际，成为共产国际的一个支部。

1920年4月，共产国际遵照列宁的指示，指派负责远东事务的工作人员维经斯基等人，以记者身份来到北京，找到热情宣传马克思主义的李大钊，讨论了在中国建立共产党的问题。他们一致认为，中国已经具备了建立共产党的条件。

经过一段时间的工作，维经斯基提出要见见北京参加五四运动、已经接受马克思主义的青年学生。李大钊介绍邓中夏、张国焘、罗章龙、刘仁静等进步青年，和维经斯基在北大图书馆举行座谈会。座谈会进行了几次。在最后一次座谈会上，维经斯基发表了热情洋溢的讲话。

维经斯基完成了在北京的工作，随即由李大钊介绍，前往上海开展工作。邓中夏受李大钊委派，陪同维经斯基到上海，与陈独秀、李达、李汉俊等人会晤，共同探讨组建中国共产党的工作。邓中夏由此成为中国共产党的创始人之一。

当时的北京大学，文科为3年学制。1920年夏天，邓中夏以优异成绩从国文系毕业。以邓中夏的成绩和声望，获取公费留学出国的名额没有一点问题。有人建议邓中夏出国留学，被邓中夏婉言谢绝："要做学问，国内也可以做。"

儿子要毕业了，做父亲的先忙碌起来了。在3年大学期间，在北京做官的邓典谟一直没和儿子见过面。直到邓中夏大学毕业前，邓典谟才来到曦园，见了儿子一面。

邓典谟在北洋政府的铨叙局任职。铨叙局负责推荐和考核官员，用现在的话说，铨叙局的官，就是管官的官。近水楼台先得月，向阳花木易逢春，邓典谟推荐儿子到农商部任职。抬头不见低头见，朝里有人好做官，加上邓中夏的名气，于是，

农商部给邓中夏颁发了一张委任状，老父亲心情十分愉快，高高兴兴地亲自向儿子递送委任状。

这是张一般人想都不敢想的做官聘书，不仅待遇优厚，而且名头很响。但邓中夏把委任状退还给父亲，他认为，政治这样腐败，当官的对老百姓敲骨吸髓，当这样的官有什么意思？"人各有志，不可勉强。"

这时，邓典谟看见儿子床头放着一本《共产党宣言》，他紧张地说："这可是激进分子的书，政府看见可是要杀头的啊。"

邓典谟心里明白，这个儿子已经不属于邓家了！儿子不听老子话，老子不管儿子饭，从此，邓中夏与家人断绝了经济关系，邓家没有再给邓中夏一分钱，邓中夏没再向邓家要过一分钱。之后的革命生涯中，邓中夏只能靠稿费、借贷及党组织发给的微薄生活津贴，过着一般人难以忍受的艰苦生活。邓中夏由此成为一个无产阶级的职业革命家。

经过精心筹备，1920 年 10 月，北京共产党早期组织宣布成立，这是中国共产党在北方的最初组织。邓中夏等十几个人成为北京党组织的共产党员。11月底，北京共产党早期组织改称共产党北京支部，李大钊任书记，张国焘分管组织、交际，罗章龙分管宣传，邓中夏分管学生运动和青年工作。不久，共产党北京支部又在李大钊指导下，拟定了一个党的临时纲领，其中有"赞成无产阶级专政"一条。应该说，北京的共产党组织，一开始就比较完整和系统。

随着全国各地先后成立共产党的组织，中国共产党诞生的条件已经成熟。1921年6月，根据共产国际代表马林的建议，上海共产党早期组织通知各地共产党早期组织，分别派出两名代表，到上海参加党的第一次全国代表大会。

当时，共产党北京支部的骨干成员正在西城开办一所文化补习学校，为一些准备报考大学的青年补课，同时宣传马克思主义。接到上海共产党早期组织的邀请，邓中夏、张国焘等就在补习学校开会，推举北京地区到上海出席党的一大的代表。

成立中国共产党，是一件开天辟地、惊天动地的大事，首先应由李大钊代表北京地区的共产党员出席大会。但李大钊是著名学者，校务纷繁，工作太忙，这时不能到上海去。接下来，大家一致推举邓中夏到上海参加党的一大。但这时邓中夏已经定下了 7 月初要到南京参加少年中国学会，月底要到重庆讲学，同样不能分身。于是，大家推举张国焘、刘仁静为北京地区的代表，赴上海出席党的第一次全国代表大会。

邓中夏不能出席党的一大，但对建党这件中国具有划时代意义的大事变非常兴奋，十分关心。他参加完少年中国学会年会后，即按照李大钊的嘱托，利用到重庆之前的时间，和另一位北京代表、同在南京参加少年中国学会年会的刘仁静一起，于 7 月 6 日赶赴上海，参与一大的各项筹备工作。

博文女校位于上海太仓路 127 号，当时还叫蒲柏路 389 号，是党的一大代表的住宿地和重要活动场所。很多人都知道党的一大 13 位代表中，有 10 位在这里居住和工作过。但实际上，在这里居住和工作过的共产党人，一共有 11 位。第 11 位共产党人，就是邓中夏。邓中夏不仅在这里住过三四天，而且按一大代表包惠僧的回忆，还同每位代表都交换过工作意见，对召开代表大会提出了不少建议。邓中夏提出的这些意见和建议，当然也代表了身在北京的李大钊的看法。

邓中夏在上海，应该停留有十几天时间，在博文女校却仅住了三四天。对邓中夏在上海的行程已经无法一丝不差地还原，但邓中夏和一大代表李达、李汉俊早就熟识，和北京的代表张国焘又是同事，而张国焘除博文女校外，在上海还另有住处。邓中夏在博文女校住过的三四天时间，应是全体代表到达上海后的事情。之前邓中夏肯定到过李达、李汉俊处，也可能住在张国焘处。因此，邓中夏应是走遍一大在上海各处活动场所的人。

中国共产党的建立，有"南陈北李"之说，即身在广东的陈独秀与身在北京的李大钊，都是建党的发起人。邓中夏参与了党的一大筹备工作，是中国共产党当之无愧的创始人之一。包惠僧后来说，虽然这次和邓中夏同住的时间不长，但邓中夏"对人的真诚，对事负责，意志坚强，有胆识"，给他留下了难忘的印象。

而人们心中更该留下来的，是邓中夏对党的

创建的杰出贡献，是邓中夏流传千古的历史功绩。

1921年7月23日，中国共产党第一次全国代表大会在上海秘密召开。伟大的中国共产党诞生了，邓中夏即将成为名实相副的中国共产党党员！就在大会开幕前夕，邓中夏离开上海，乘坐轮船，溯江而上，过三峡，进重庆。江风扑面，江水奔腾，邓中夏挺立船头，目光炯炯，满面春风，他的心中展开了一幅比三峡风光更为绚丽多彩的图画，奏响了一曲比声声汽笛更为嘹亮动听的乐章！

06 青年先驱

　　邓中夏也是我国早期青年团工作的杰出的组织者和领导者。

　　青年，是祖国强盛的栋梁，是人类未来的希望。邓中夏作为中国共产党的创始人之一，曾长期担负青年团的领导工作，为中国青年团的创立和发展作出了卓越贡献，是当之无愧的青年先驱。

　　1920年8月，在上海共产党早期组织的领导下，中国社会主义青年团组织首先在上海创立。同年11月，北京社会主义青年团组织也宣告成立。从工作需要出发，李大钊、邓中夏等共产党早期组织的成员全部参加团的组织。到1921年3月，北京的团员发展到47人。但此后张国焘任北京青年团书记，只注意发展速度，不注重团员的素质，加上缺少思想教育工作，一些团内骨干离开北京，致使北京地区团的活动一度陷入瘫痪瓦解的状态。

党的一大后，中国社会主义青年团临时中央局在上海组成。从党的工作要求出发，北京党组织决定重建青年团组织。同年 11 月 26 日，恢复北京团组织大会在北大二院北楼召开，邓中夏、罗章龙等 28 人参加了会议。会议由邓中夏等人主持。接受了此前的教训，会议一开始就首先讨论修改团的章程，确定青年团员的标准。

怎样确定团员标准，大家见仁见智，各抒己见。鉴于刚开始共产党员都加入青年团，刘仁静提出，参加团组织必须"标明信任马克思主义"。

邓中夏则认为，在共产党成立后，对团员应有不同的要求。他指出，许多青年虽然对马克思主义认识不够，但痛恨旧制度，赞成进行革命，应该使他们在斗争中与马克思主义者协力同心，使革命"得多数相助"而顺利进行。

邓中夏的观点，得到多数代表的赞成。会议由此通过了新的团章。随后，大会建立了社会主义青年团北京地方执行委员会，邓中夏当选为书记。

北京团组织恢复后，为加强对团员的思想教

育，1922年1月，邓中夏创办了团组织机关刊物《先驱》，并担任主编。该杂志半个月一期，把宣传马克思列宁主义作为重要任务，同时以很大篇幅研究青年团建设的问题，对加强团员的思想教育，统一全国团的组织和团的工作，起到了积极的作用。由于没有活动经费，《先驱》的编辑、出版，包括约稿、改稿、校对、发行，均由邓中夏一个人完成。杂志办得有声有色，在全国都有一定影响。

《先驱》杂志影响力迅速扩大，仅仅办了3期，就被北洋政府盯上了，并予以禁止。鉴于《先驱》已经在全国青年中产生了较大影响，团中央决定，该刊从第四期开始，作为团中央机关刊物，在上海继续出版发行。

1922年5月，中国社会主义青年团在广州召开第一次全国代表大会。邓中夏以北京团组织负责人的身份出席会议，并在会上报告了北京青年团的工作。这次大会制定了中国社会主义青年团的《纲领》和《章程》，全国青年团的工作就此走上正轨。大会选举施存统为团中央书记。因为邓中夏要担任中国劳动组合书记部总部主任，负责全国的工人运动工作，没有担任团中央的领导职务，但此后依然负责北京地区的青年团工作。

1923 年春，京汉铁路大罢工被军阀吴佩孚镇压后，邓中夏被迫离开北京，来到上海。在积蓄力量、积极做好工人运动恢复和发展的同时，邓中夏仍然非常关心青年团的工作。当年 6 月 3 日，邓中夏写信给施存统，对青年团的建设提出系统性的意见，邓中夏提出的这些意见，此后长期成为青年团工作的指导方针。

1923 年 8 月，为加强团的组织建设，党中央决定派邓中夏参加团中央的领导工作。8 月下旬，在邓中夏等人的主持下，中国社会主义青年团第二次全国代表大会在南京召开。团的二大是我国青年团历史上一次重要的会议，会上修改了团的《章程》，通过了一批决议案。大会接受了党的建立革命统一战线的方针，同意青年团员以个人名义加入国民党。大会选举 7 人组成团中央执行委员会，同时组成临时中央局，邓中夏被选为中央执行委员会委员和临时中央局委员长，全面主持团的工作。由于当时邓中夏在上海大学担负繁重的工作任务，又要恢复全国的工人运动，因此当年9月底，党中央决定邓中夏不再担任团中央局委员长的职务，但继续担任团中央局成员兼团中央组织部主任。

邓中夏担任团中央领导工作后，一方面抓紧组织整顿，一方面大力加强团的思想建设。1923年10月，他和团中央宣传部主任恽代英共同创办了团中央机关刊物《中国青年》。邓中夏为《中国青年》题写了刊名，并且在杂志创办的第一年，就在杂志上发表了20多篇对青年运动具有重要指导意义的文章。这些文章，给广大青年指出了斗争的方向，对推动青年运动发展起到了很大作用。《中国青年》也成为中国大陆现存历史最悠久的杂志。

在邓中夏、恽代英、林育南等人的共同努力下，团的二大后，仅用了一年时间，我国青年团的组织状况和团员的政治素质就有了很大的改善和提高，工农成分的比重也有了一定的增加。从青年团工作的实际需要出发，1925年1月，青年团的三大决定把中国社会主义青年团改名为"中国共产主义青年团"。

从1920年参加创建北京社会主义青年团组

织，到 1925 年团的三大，邓中夏在团内工作了 4 年多时间。他像一支燃烧跳跃的红色火把，引导着中国青年团的前进和成长，为青年团的创建和组织建设、思想建设，做了大量的工作，成为我国青年团工作的卓越的领导者。

07 工运领袖

邓中夏革命生涯中光彩夺目的篇章之一，是领导和开展中国工人运动。邓中夏由此成为中国工人运动的先驱和著名领袖，在中国工运以至世界工运史上，留下了熠熠闪光的不朽业绩。

五一国际劳动节起源于 1886 年 5 月 1 日美国以芝加哥为中心的工人罢工斗争，是全世界劳动者的神圣节日。五一运动是贯穿中国工人运动的一条红线。而中国的五一运动发端于 20 世纪 20 年代初，李大钊是这一运动最卓越的组织者和最优秀的领袖，邓中夏则首先成为中国工人运动当之无愧的北方旗手。

五四运动爆发前，邓中夏即遵照李大钊的安排，投入中国工人运动的实践当中。1919 年春，邓中夏带领北大平民教育讲演团，到距离北京城区

21 公里的长辛店，对工人进行宣传讲演活动。当时长辛店是京汉铁路北段的一个大站，有 2500 多名工人，还有许多工人家属和农民居住在这里。正是北大讲演团的多次演讲，提高了工人们的思想觉悟和爱国热情。在五四运动中，长辛店的铁路工人积极组织游行示威，坚决抵制日货，成立救国十人团，对学生运动予以有力的支持。通过五四运动，邓中夏也充分认识到工人阶级的力量，学到马克思主义后，更是坚定地用马克思主义去从事中国工人运动的具体实践。

开展工人运动，也要有实践探索的过程。

当时，北京城内到处可见汗流浃背、拉着人力车满大街跑的洋车夫，他们处在社会的底层，收入微薄、工作辛苦、生活困难，动不动还要挨打挨骂。压迫深必然反抗重，生活难自然要革命，因此邓中夏一开始把开展工人运动切入点放在人力车工人上，在天安门前召集人力车工人开会，宣传组织工会的好处，要求车行老板为工人减车租。但人力车工人都是各跑各的，相互间联系不多，虽然邓中夏讲演引来的听众不少，敢和车行老板对着干的却没有。而警察不允许工人集会，挥着警棍冲进会场，把工人打得四下躲闪，把参加集会的工人的人力车砸坏了。车子是工人从车行老板那里租来的，砸坏了就得给老板赔。工人没钱赔，扯住邓中夏不让他走。邓中夏拿出身上所有的钱，还抵不上工人的损失。

但邓中夏没有气馁。总结教训后，邓中夏感到，洋车夫属于比较散漫的个体劳动者，且受帮会影响，缺乏斗争精神。他从马克思关于工人运动的著作中，懂得了真正具有无产阶级特性的工人，是近代产业工人。于是，邓中夏来到印刷厂开展活动，准备组织印刷工人工会。但工人的人数不多，在厂主和工头的破坏下，组织印刷工人工会的计划又失败了。

邓中夏又从中认识到：开展工人运动，既要注重活动的性质，又要有一定的组织规模。1920年三四月间，按照李大钊的安排，邓中夏和北京大学平民教育讲演团的进步知识分子，又来到长辛店和唐山的铁路工人中间，向他们进行宣传教育，并注意与工人联络感情，结交朋友，有重点地开展工作。很快，邓中夏就结交了史文彬、邓培等一批工人朋友，知道了工人们的苦辣酸甜、所思所想，工人运动很快收到了实际效果。

在工人运动取得初步成效的基础上，李大钊、邓中夏决定利用当年的五一劳动节，组织一次大规模的工人游行示威，以展示工人阶级的力量，唤起更多民众的觉醒。

1920年以前，中国的劳动群众基本上不知道自己还有节日，五一节这个全世界劳动者的节日，似乎与中国劳动者毫不相关。还是在1919年5月1日，李大钊就满腔热情地向中国民众宣传五一节，号召中国工人以"'五一'纪念日作一个觉醒的日期"。有耕耘就有希望，有播种就有收获，经过一年时间的宣传孕育和实际工作，他们决心在1920年的5月1日，吹响中国五一运动的号角，书写中国五一运动史的光辉篇章。

1920年5月1日这天，邓中夏在李大钊的领导下，首先发动北京大学学生举行罢课。上午9点，全校的学生和校工500多人，在北大二院礼堂召开五一劳动节纪念大会。李大钊在会上发表了精彩的讲演，学生在会上散发了由李大钊等人亲笔书写的传单，号召国人把五一节当作引路的明灯，"跟着这个明灯向光明的地方去"。大会结束后，北大平民教育讲演团50人分成5个组，从学校出发，沿街进行五一节讲演。接着，邓中夏带着讲演团成员赶到长辛店，向1000多名铁路工人进行讲演，散发《五月一日北京劳工宣言》等传单，和工人们一起举行了浩浩荡荡的游行示威活动。京奉铁路唐山制造厂的工人也在邓培等人的带领下，在工厂召开了几百人参加的群众集会。

1920年的五一节，是中国工人阶级第一次隆重纪念这个劳动者的节日，是中国北方工人运动掀起的引人注目的绚丽浪花。中国工人阶级第一次公开喊出"五一万岁"的口号，开启了马列主义与中国工人运动相结合的历史行程，在全国引起不小的震动。之后，为推动工人运动开展，北京共产党小组创办了以工人为读者对象的通俗周刊《劳动音》，邓中夏是周刊的编辑，他以"心美"的笔名为杂志写了发刊词，指出"劳动就是世界文明的根源，劳动就是增进人生的幸福"，号召中国劳动者"与世界劳动者携手，共同去干社会改造的事情"，为自己创造"快乐、幸福"的生活。

1920年年末，邓中夏又来到长辛店铁路工厂，在开展"平民教育"的旗帜下，开办劳动补习学校，建立工人识字班，让工人们免费学习文化。中国共产党开展的现代职工运动，就是从这时正式起步的。长辛店由此成为中国北方工人运动的重要发祥地。

让工人读书识字，是为工人办好事。但好事不一定就好办，工人们首先要为一家老小的生存奔波忙碌。刚开始，有人认为干苦活学文化没用，要求"发窝头才来上课"。经过耐心讲解，终于有大批工人下班后自动前来参加学习。工人们在学习文化的过程中，开阔了眼界，明白了事理，提高了思想觉悟，工人阶级的特质很快展现出来。他们团结在一起，成立了工人俱乐部，通过工人俱乐部，为自己争取各种福利。于是，工人们不再向邓中夏要窝窝头吃，并且主动要管老师吃饭。

邓中夏本名叫邓仲澥。"仲"还好说，"澥"不仅表示液体由稠变稀的意思，给人"艾子见螃蟹，一蟹不如一蟹"的感觉，关键是很多人都不认识、念不出这个字。这怎么去融入工人群众呢？于是，邓中夏将仲澥改为中夏，简单易懂，平白如话。而中夏，代表一年中最灿烂红火的季节，也代表邓中夏对革命事业的一片赤诚。"邓中夏"3个字，就此成为一个铭刻青史的不朽英名。

邓中夏是湖南人，一口湘音，北方人听起来不大好懂。为拉近与工人群众的感情，和工人们打成一片，邓中夏开始学习北方话，也就是现在的普通话，并且很快取得了效果。工人们再也不说听不懂了，相互交流也就没有语言障碍了。邓中夏从中得到了启示，于是，在上海学沪语，到广州学粤语，从而为工作开展创造语言条件。

在开办工人识字班的近半年时间当中，邓中夏和后来成为临时中央政治局常委的张太雷等人，不停奔波于北京和长辛店之间。饿了，拿起窝头啃两口；困了，往补习班的土炕上躺一会儿。邓中夏与工人的感情日益紧密，工人对邓中夏的感情也日渐亲近。开始，工人称邓中夏为"先生"，邓中夏称工人为"师傅"；后来，邓中夏称史文彬为"麻哥"，史文彬称邓中夏为"大炮"。而在邓中夏的心中，更加坚定了对中国未来的信心，升腾起对人类美好明天的希望。

创办劳动补习班，目的是推动工人运动开展。长辛店劳动补习学校开办不久，北京共产党早期组织决定，以长辛店为工作开展的重点，建立中国北方第一个产业工会。经过一段时间的工作，通过和史文彬等先进工人的探讨、商量，大家一致同意，在劳动补习学校的基础上，建立长辛店铁路工会。为了与过去工头把持的工会区别开来，大家将工会改为工人俱乐部，由工人自己选出 11 位委员组成委员会，史文彬当选为俱乐部的委员长。

1921 年 4 月 9 日，京汉铁路长辛店工人俱乐部举行成立大会。京汉铁路、陇海铁路等各路工人代表 1000 多人参加了大会。这在中国工运史上是件具有划时代意义的大事。俱乐部成立后，多次领导工人开展反对工头压迫、要求提高工资、改善职工待遇的斗争，并取得了胜利。工人们看到了组织起来的力量，思想上备受鼓舞，行动中热情高涨，挺起了胸脯，直起了腰杆。当时其他地方的工人群众觉得长辛店就是工人的"天国",纷纷派代表前来学习,由此推动了北方以至全国各地工人运动的发展。

工人运动的发展催生了中国共产党的建立,中国共产党的诞生促进了工人运动的开展。1921年8月11日,中国共产党成立20天后,中共中央即建立了中国劳动组合书记部,作为党公开领导工人运动的机关。中国劳动组合书记部相当于中华全国总工会的职能,其全国领导机构称总部,之下在各地设立分部。邓中夏一开始任北方分部主任,1922年5月第一次全国劳动大会后,党中央任命邓中夏为中国劳动组合书记部总部主任,并担任中华全国总工会筹备委员会主任。此后几年间,邓中夏统率中国劳动组合书记部总部和各地方分部,开展了劳动立法运动,掀起废除治安警察法的斗争,不同程度改善了工人群众的劳动、生活状况,提高了中国工人阶级的经济、政治地位。全国各地的罢工斗争如火如荼,捷报频传。1922年因此有了"中国劳动运动纪元年"之誉,邓中夏也成为蜚声中外的著名工人领袖。这种工人运动发展的大好局面，一直延续到 1923 年京汉铁路大罢工之前。

京汉铁路大罢工，是中国第一次工运高潮的顶点，其斗争目标是反对军阀，争取自由。邓中夏参与领导了京汉铁路大罢工，是这次罢工斗争的重要组织者和领导人。

在京汉铁路大罢工之前，京汉铁路沿线各站陆续建立起工人俱乐部。1922 年 8 月，按照中国劳动组合书记部的指示，长辛店工人俱乐部建立了京汉铁路总工会筹备委员会。到当年年底，全路有 16 个单位成立了工会组织。经过相互协商，京汉铁路的工人决定于 1923 年 2 月，在作为京汉路交通枢纽的郑州成立京汉铁路总工会。

当时，实际统治着中国北方的直系军阀吴佩孚，一直高唱"保护劳工"的高调。因此京汉铁路总工会的筹建，是按北洋政府的相关规定进行的。但军阀的本性是唯我独尊、人面兽心，喊"保护劳工"只是个幌子，目的是欺骗民众，惑世盗名。眼看工人群众团结起来了，军阀的反动本性也就赤裸裸地暴露出来了。1923 年 2 月 1 日，正当京汉铁路沿线各工会分会的代表会集郑州，准备举行京汉铁路总工会成立大会时，吴佩孚撕下伪装，派出大批军警，阻挠大会召开，捣毁了总工会的会所。

反动军阀的蛮横无理、出尔反尔，激起工人们的极大愤怒。当晚，京汉铁路总工会召开紧急会议，决定举行全路大罢工，抗议军阀的暴行，并将京汉铁路总工会由郑州转移到武汉江岸。2月4日，总工会如期进行大罢工，3000里长的京汉铁路运输线瞬时全部瘫痪，到处是趴了窝的机车、摘了钩的货车，到处是罢工工人理直气壮的呐喊和庄严正义的呼唤。

工人阶级的英勇斗争，引起北洋政府极大的恐惧和切骨仇恨。在帝国主义的支持下，吴佩孚凶相毕露，肆意为虐。2月7日这天，反动军阀调动大批军警，在京汉铁路各个罢工地点同时动手，到处枪杀、逮捕、殴打罢工工人。仅武汉江岸一地，就有39位烈士英勇牺牲，200多人负伤。而整个惨案中牺牲的烈士达52人之多，受伤者300余人，被捕者60余人。之后，帝国主义海军陆战队也荷枪实弹，磨刀霍霍，全部登陆，准备联手军阀政府对罢工工人进行更大规模的屠杀。

应该说，邓中夏对反动军阀一直保持着高度的警惕，但仍然没想到吴佩孚竟敢冒天下之大不韪，对罢工工人大开杀戒，大打出手。工人们的流血牺牲，使邓中夏悲痛万分，椎心泣血，他挥泪发誓："这笔血债，早晚要他们还！"惨案发生后，邓中夏通宵达旦召开会议，布置工作，以"北京各团体"的名义，成立"铁路工人罢工后援会"，向全国发出紧急通电，号召各地工人举行示威，声援罢工工人。这些活动对制止军阀肆无忌惮地进行大屠杀，起到了一定的作用。

"二七"惨案举国震惊，即使中国工人阶级付出了血的代价，对帝国主义及其走狗吴佩孚也是一次沉重打击。斗争的失败也使邓中夏认识到，在中国，仅仅是工人阶级孤军奋战，难以战胜强大的敌人，要打倒军阀、打倒列强，必须团结农民，建立反帝反封建的广泛的统一战线。为保存革命力量，避免不必要的牺牲，在中国劳动组合书记部的指示下，1923年2月9日，京汉铁路总工会和湖北全省工团联合会联名下达《复工令》，罢工工人忍

痛复工。轰轰烈烈的京汉铁路大罢工，在帝国主义和封建军阀的联合进攻下，惨遭扼杀。

当时，邓中夏以极大的义愤，写下一首慷慨悲壮的战斗诗：

军阀手中铁，

工人颈上血，

头可断，

肢可裂，

此志不可灭！

行行血泪，句句刻骨，字字如铁，表达了邓中夏坚忍不拔、不屈不挠的革命斗争意志。

中国劳动组合书记部总部是全国工人运动的最高指挥机关，北洋军阀对其恨之入骨。2月9日，北洋军阀政府派出大批军警，查封了中国劳动组合书记部总部，并通缉邓中夏等人。邓中夏临危不乱，事先作了妥善安排，使所有工作人员逃脱了反动军警的魔爪。之后，他在十分艰难的条件下，坚持做好惨案的善后工作，体现出其"为主义而牺牲"的大无畏战斗精神。

1923年3月21日,《北京学生联合会日刊》发表了邓中夏撰写的《中国劳动组合书记部为京汉流血事宣言》,揭露了北洋军阀的反动本质和惨无人道,呼吁大家"一齐向万恶的军阀们作战"。之后,邓中夏遵照党中央的指示,离开北京,前往上海。中国劳动组合书记部总部也随同邓中夏一起迁离北京,迁往上海。

08 红色大学

1923 年 3 月，邓中夏改名邓安石，由李大钊介绍，到上海大学担任校务长，负责主持上海大学的工作。

上海大学成立于 1922 年 10 月，前身是私人性质的师范专科学校，因其创办者只想敛财，被学潮赶跑了。当时正在上海的国民党元老于右任应邀担任校长，上海大学由此建立。

于右任是政治家，也是教育家，还是民国四大书法家之一，但这时主要从事政治活动，不到上海大学管事，校长仅是挂名，于是托老朋友李大钊推荐办学人才。当时我们党为了培养干部，也想办一所学校。于右任的要求和我党的打算正好吻合，而且邓中夏不能继续留在北京了，于是，通过李大钊的介绍，邓中夏被党派到上海大学工作。

校务长，是国外高等学校设立的高级管理职务，协助校长领导全校的教学工作，对办好一所大学举足轻重。邓中夏到上海大学之前，学校只设文学和美术两科，学生仅100多人。邓中夏到校后，按照党的意图，创办了社会学系，聘请共产党人蔡和森、恽代英、萧楚女等担任教授；同时把文学科扩大为中国文学和英国文学两个系，聘请进步学者陈望道担任中文系主任，聘请郑振铎、田汉等知名学者任教授。邓中夏聘请的教师，都是共产党员或曾经是共产党员，学识渊博，思想进步，使上海大学的教师队伍发生了根本变化。

邓中夏对学校的教学内容也进行了重大改革。在社会学系，设立了以马列主义为指导的"社会学原理""劳动问题"等课程，开设农业财政、商业政策、工业政策等学科。学校编写的教材观点新颖、科学适用，很受同学们欢迎，也受到社会上的好评。一些教材还被印成精装本，由"上海书店"公开发行。为推动学生独立思考、探索真理，学校组织了社会科学研究会、文艺研究会等学术研究团体，创办学术刊物，经常举办"特别讲座"，邀请李大钊、杨杏佛等学者名流到校讲学。

经过邓中夏的辛勤工作，上海大学很快成为一座蒸蒸日上的红色大学，声名鹊起，远近皆闻，在全国尤其是南方地区赢得了很高声誉。当时报考上海大学的，既有上海附近各省的学生，也有四川、云南、贵州的青年，还有日本、南洋回国的华侨青年。一些原来在条件很好的大学读书的学生，也转到上海大学就读。为适应学校迅速发展的需要，1924 年 2 月，上海大学另迁新址，学校教育条件有所改善，学校规模进一步扩大。学校附设中学部，大学部则设立社会科学院、自然科学院、文艺院，学院又设立经济系、政治系、法律系等。上海大学成为一所系科齐全的全国闻名的大学。

在短短几年中，上海大学为革命培养了大批人才。尤其是社会学系的各门课程，既以马列主义为指导，又注意理论与实践相结合，学生在政治思想上进步很快，培养出王稼祥、秦邦宪、杨尚昆、李硕勋、赵君陶、丁玲等一大批功勋卓著、蜚声中外的共产党人。1924 年，全校的学生中共产党员和青年团员占到一半以上，全国学联、上海学联等全国性的进步团体，也主要由上海大学的学生主持。1925年上海日本纱厂大罢工，上海大学的学生从多方面支持罢工斗争。同年5月，上海纱厂工人、共产党员顾正红被日本资本家残杀后，上海大学的学生全力支持工人斗争，许多学生因此被捕，上海大学的学生领袖何秉彝在斗争中英勇牺牲。这场斗争后来发展成为震惊中外的五卅运动。当时帝国主义分子对上海大学恨得咬牙切齿，把上海大学和北京大学说成"共产党活动的南北中心"。

自打和父亲决裂后，邓中夏一直过着清贫的生活。在上海大学，邓中夏的薪俸是每月80块大洋。当时大学校长的月薪一般在400元上下，虽然邓中夏的薪俸和其他大学校长相比有些差距，在当时也算是相当可观的数目了。邓中夏没有把这些钱花在自己身上。那时上海大学的穷学生特别多，一些学生家庭困难，难以一次性缴清学费。为解决同学们的困难，上海大学想出一个办法：学生的学费可以缓交或分期交付，但要有本校教职员工的担保，如果到期学生交不上，就在保人的薪水里扣。

邓中夏担保的学生特别多，对所有人都有求必应。结果，邓中夏的薪水被一扣再扣，大都替家庭困难的学生缴了学费。邓中夏也就只能靠着仅余的薪水继续过着艰苦的生活。

邓中夏在上海大学工作了两年，两年中，上海大学发生了根本性变化，为党培养了数以千计的人才。1927年蒋介石发动四一二反革命政变后，强行关闭了上海大学。野火烧不尽，春风吹又生。1994年5月27日，经过近70年风雨变迁，上海大学又傲然挺立在黄浦江畔，今天的上海大学，再次成为一所充满勃勃生机的知名大学。

省港罢工

在上海大学工作期间，邓中夏依然担负着中国劳动组合书记部总部主任的重任，恢复和发展工人运动，同样是邓中夏的重要工作职责。上海是中国工人阶级最为集中的城市，因此邓中夏认为，把上海的工人群众发动和组织起来，就能在全国起到示范带动作用，逐步恢复全国的工人运动。1923年7月，邓中夏被选为中共上海区委委员长。当时的上海区委，负责上海市和江苏、浙江两省党的工作。随后，邓中夏在区委建立"劳动委员会"，以推动上海工人运动的恢复和开展。

当年10月，上海区委创办了一份用通俗浅显的语言出版的刊物《青年工人》。邓中夏为创刊号写了两篇文章，号召工人团结起来，打倒帝国主义和封建军阀这两个"魔鬼"。之后，又多次在报刊发表文章，提出"把工人阶级发动和组织起来"，鼓励工人群众敢于斗争，敢于胜利。并编写了数万字的《劳动常识》，利用上海大学的有利条件，在上海各地创办主要招收工人入学的"平民学校"，帮助工人学习文化，提高阶级觉悟。

在邓中夏等共产党人的努力下，上海工人阶级焕发出了新的战斗激情。1924年5月，中共中央在中央工农部内设立工会运动委员会，由邓中夏任书记，直接领导工人阶级的斗争。在邓中夏的组织领导下，当年6月，上海13家纱厂1万多名女工爆发了大罢工，接着其他一些工厂的工人也展开罢工斗争。工人的斗争情绪日益高涨，"二七"大罢工后工人运动的消沉局面开始得到改观，各地工会组织逐步恢复。到1925年2月1日，终于爆发了上海工人反对资本家解雇工人、具有爱国反帝性质的二月罢工，参加罢工的日本纱厂工人达4万多人。罢工坚持了38天，沉重打击了日本资本家的气焰，取得了斗争的胜利。

1925年1月，中国共产党在上海举行第四次全国代表大会。邓中夏出席了这次会议。会上通过了关于职工运动等决议案，建立了中央职工运动委员会，由邓中夏出任中央职工运动委员会秘书长。4月，邓中夏奉命前往广州，负责筹备第二次全国劳动大会。

第二次全国劳动大会，本应由中国劳动组合书记部作为发起人，但"二七"大罢工后，很少用劳动组合书记部的名义进行活动。为避免反共分子的破坏和攻击，中共中央决定，这次会议以全国铁路总工会、香港海员工会等组织的名义召开。因此，参加这次大会的人员形形色色，有共产党领导的工会，有与国民党相关联的工会，还有无党派工会。邓中夏为会议的召开作了充分准备。

第二次全国劳动大会开得很成功。按照邓中夏的总结，一是实现了全国工人的大团结，二是加强了工农兵的大联合，三是中国工人运动加入了赤色职工国际。大会决定，成立中华全国总工会，取代以往的中国劳动组合书记部，并成立全总执委会，选举邓中夏、苏兆征、李启汉等25人为执行委员，邓中夏被选为执委会秘书长兼宣传部部长。而会议通过的《中华全国总工会章程》，在选举办法上，类似于我们今天人民代表大会的选举办法，比老牌资本主义国家的工会选举办法先进。由于全国总工会的总部机关设在广州，邓中夏也留在广州工作。

第二次全国劳动大会结束不久，上海发生了五卅惨案。五卅惨案的罪魁祸首是英国殖民主义者。为维护工人阶级的利益，维护中华民族的尊严，我们党决定发动全国人民开展反对英帝国主义的斗争。由此引发了长达 1 年零 4 个月的省港大罢工。省港大罢工是世界工运史上时间最长的一次罢工，邓中夏具体组织领导了这场史无前例的罢工斗争。

五卅惨案，也称五卅血案。1925 年 5 月 14 日，上海日本纱厂工人为抗议资方无理开除工人，再度举行罢工。而日本资本家悍然对工人野蛮开枪，打死工人顾正红，打伤工人 10 余人，激起上海人民的强烈愤怒。因日本领事馆设在上海公共租界内，5 月 30 日，上海学生 2000 余人来到租界内散发传单，发表演说，却被英国巡捕肆意逮捕 100 余人。为抗议英帝国主义的暴行，当天下午，

1万多名群众聚集在南京路老闸巡捕房门前，要求释放被捕学生。英国殖民主义者竟惨无人道地向集会群众开枪射击，当场打死13人，重伤数十人，同时逮捕150余人，造成骇人听闻的五卅惨案。

五卅惨案的噩耗传到广州，激起广州人民的极大愤慨。邓中夏等立即组织广州工人和各界群众举行示威游行，抗议英国强盗的暴行。6月中旬，为支援上海工人阶级的斗争，打击帝国主义，邓中夏代表中华全国总工会来到英国殖民主义者统治下的香港，和苏兆征等人一起，组织香港工人进行罢工。省港大罢工由此开启，我国工人运动史上就此写下光辉的一页。

"省港"，是广州和香港两座城市的合称，省港大罢工，是广州人民和香港人民共同进行的罢工斗争。香港自古就是我国神圣领土，1840年后，英国政府为支持英国毒贩向中国贩卖鸦片，无理对禁止鸦片的中国发动了强盗式的鸦片战争，清政府在列强的坚船利炮下，割让了香港岛、九龙，租借出新界在内的中国领土，英国在香港进行了100多年的殖民统治。到1997年中国政府收回香港，除了第二次世界大战中侵略者出了两任日本总督，香港都由英国王室指定所谓港督进行严酷的殖民统治。而所有港督在香港期间，无一不是独裁专断，只手遮天，根本不把中国人当人看。虽然历代港督大都起个华人的名字，那只是野狼披了张羊皮，依旧是虎豹心肠。除了买办和汉奸卖国贼，香港人民对英国帝国主义者恨之入骨。面对英国殖民主义者对同胞的残酷杀戮，香港人民和祖国的同胞携手并肩，立即进行了坚决的罢工斗争。

1925年6月19日，香港大罢工正式开始，不到两个星期，罢工人数就达到25万人。香港同胞一直被殖民主义者任意欺凌，残酷压榨，早已不堪忍受，刻骨铭心，因此大罢工发生后，许多香港工人不愿继续留在香港，坚决要求回到内地。而工人们离开香港回到内地，资本家的工厂就得关门大吉。英国殖民主义者对此仓皇失措，惊恐万状，百般阻拦，甚至发出戒严令。但仍有好几万工人冲破殖民当局的阻拦，从香港回到了内地。

6月23日，回到内地的香港罢工工人与广州市群众组成10万游行大军，高呼"打倒帝国主义"的口号，在广州市内进行声势浩大的游行示威。当游行队伍走到沙面租界的对岸沙基时，英帝国主义者竟然和法帝国主义者相互勾结，狼子兽心地命令帝国主义武装向游行队伍开枪射击，停泊在沙面附近的帝国主义军舰也开始炮轰游行群众。弹片四散，子弹横飞，硝烟弥漫，当场打死群众61人，重伤170余人，轻伤者不计其数，造成举世震惊的"沙基惨案"。沙基马路上腥风血雨，尸体横陈，到处洒满了中国人的鲜血，令人惊心骇目，痛彻心扉。英、法帝国主义灭绝人性，伤天害理，又对中国人民欠下了一笔血债！今天广州市荔湾区的六二三路，就是沙基惨案的历史见证。

沙基惨案发生后，全国人民极为愤怒，积极支援省港罢工斗争。中华全国总工会在广州召开广州、香港、沙面各工会代表大会，成立省港罢工委员会，苏兆征被选为罢工委员会委员长，邓中夏任党团书记、顾问和工人纠察队训育长。罢工委员会运用罢工、排斥英货、封锁香港3项武器，与英帝国主义进行全面的斗争，并组成2000多人的工人武装纠察队，东起汕头，西至北海，对千里海岸线的各个港口实行封锁。香港陷于大罢工的严密封锁当中，航运停顿，交通断绝，工厂停工，商店关门，物价飞涨，垃圾粪便没人打扫。香港一时间成了"臭港""饿港""死港"。

省港罢工委员会同时制定了区别列强、单独对英的斗争方针，规定凡不是英国货及英国船，只要不经过香港，就准许外国商船到广州经商。此举打破了英国殖民主义者妄想联合帝国主义国家共同对付大罢工的企图，争取了广东商人的中立。国共合作下的广州政府也采取一系列措施，解决回省工人的食宿和交通等问题。一些国民党左派如廖仲恺、宋庆龄、何香凝等，也对罢工作出了重大贡献。

从动员洋车夫要求提高待遇，到严密组织声势浩大的省港大罢工斗争，邓中夏已经成为一个运筹帷幄、决胜千里的工运领袖。为保证罢工的长期有效进行，邓中夏记得长辛店工人"发窝头才上课"的话，和苏兆征等一起组织动员广东各界，在十分困难的条件下，对回到内地的香港罢工工人作了相对周到的安排，被称为"工人政府的总理"。

省港大罢工连续进行了 16 个月，是世界工人运动史上时间最长的大罢工，也是最为沉重和最为成功的大罢工。中国人民为此付出了极大的代价，许多革命烈士献出了宝贵的生命。但罢工打击了英帝国主义在香港的统治，对巩固广东革命根据地，准备北伐战争，都起到了巨大作用。最后，英帝国主义不得不同过去一直不放在眼里的广东国民政府进行谈判。

为了支援正在进行中的北伐战争，1926 年 10 月初，省港罢工工人代表大会决定停止罢工。10 日，罢工委员会召集群众大会，宣告罢工胜利结束。这次罢工胜利，同样表现在实际效果上：为解决安置罢工工人的费用，广州国民政府与罢工委员会决定，在中国海关设立征税机关，对所有货船包括外国商船征收"二五附加税"。帝国主义分子在大罢工的压力下，被迫接受了这项征税办法。近代以来，只有帝国主义国家在中国横征暴敛，说一不二，为所欲为，由中国人对帝国主义的商船征税，无疑是中国人民的一大胜利。最后不仅广州国民政府征收"二五附加税"，北洋政府也要见样学样，帝国主义分子同样只好同意。北洋政府实实在在捡了个"洋落"。但兄弟阋于墙，外御其侮，不管怎么说，这还是中国人民的胜利。

10 砥柱中流

　　中国共产党成立之初，还是一个力量相对弱小的政党，在前进的道路上又没有现成的经验可循。作为一名共产党员，邓中夏始终模范履行党员的责任和义务，积极为党做好工作，在党和革命事业的前进发展中，自觉起着披荆斩棘和中流砥柱的作用。

　　1922 年 7 月 16 日到 23 日，中国共产党第二次全国代表大会在上海召开。邓中夏是这次代表大会 12 位代表中的一位。会上，邓中夏和与会同志一起，根据列宁关于民族和殖民地革命的理论，认真讨论了中国革命的问题，会议通过的《中国共产党第二次全国代表大会宣言》，阐明了中国的社会性质、革命性质和革命动力，规定了党的最高纲领是建立"共产主义的社会"，党的奋斗的最低纲领是"达到中华民族完全独立"，统一中国"为真正的民主共和国"，由此确定了建立国共统一战线、实行国共合作的工作方针。这是中国共产党在中国近代史上第一次明确提出彻底的反帝反封建的民主革命纲领。大会选举陈独秀、邓中夏等5人为中央执行委员会委员，邓中夏位列陈独秀之后，成为党的领导核心的一员。

第一次国共合作，推动了中国革命的快速发展。但随着北伐战争的胜利，国民党右派逐渐暴露出反革命的嘴脸。邓中夏较早认识到资产阶级具有动摇、妥协的特点，在1927年年初，发表了《"二七"与国民革命》等文章，向全党和全国人民敲响了警钟。他认为，随着革命形势的发展，帝国主义必然放弃利用封建军阀的政策，而"改为利用资产阶级的政策"；无产阶级必须团结和争取农民和城市小资产阶级，"用最大的努力与资产阶级争夺领导权"，否则"革命便是宣告死刑"。

邓中夏的主张登高望远，振聋发聩，代表了党内一部分同志的想法，但当时没有为全党所重视，最终使蒋介石在上海轻易地发动了四一二反革命政变。在党面临生死存亡的时刻，1927年4月27日至5月9日，中国共产党在武汉召开第五次全国代表大会。会上讨论了党所面临的严峻形势和中国革命的前途，确定了党在最近时期的任务。邓中夏出席了这次会议，并和同志们一起，批判了右倾机会主义的错误。在这次大会上，邓中夏再次当选为中共中央委员。

之后两个月中，革命形势日益严峻，江河日下。为应对复杂多变的政治局面，党中央亟须加强党中央秘书厅的工作。当年6月下旬，正在主持召开第四次全国劳动大会的邓中夏，被调任中共中央秘书长。邓中夏随即投入特殊时期紧张而繁忙的中央领导工作当中。

此后，邓中夏在参与中央各种机要活动和处理日常事务中，了解到许多革命同志被反革命残酷杀害，同时对以汪精卫为首的武汉国民政府的反动本质有了进一步认识。这为他最早提出南昌起义的主张，作了必要的思想准备。

由于处在多事之秋，仅仅过了几天，7月上旬，党中央对中央领导机关再次进行改组，陈独秀离开党中央领导岗位，由张国焘、周恩来、张太雷、李维汉、李立三组成中央临时政治局常委。邓中夏仍担任中央秘书长，在革命处于千钧一发、生死攸关的紧要关头，和新的中央政治局的同志们一起，担负起挽救中国革命的重任。

1927年7月15日，汪精卫也公开背叛革命。武汉政府控制下的地区开始到处逮捕屠杀共产党人和革命群众，江城笼罩在一片血腥恐怖之中。

沧海横流，方显英雄本色。7月19日，作为中共中央秘书长的邓中夏，和中共中央临时政治局常委李立三一起，奉中央指示奔赴九江，与中共中央政治局委员谭平山以及叶挺、聂荣臻等一起，研究先前党中央确定的我党随张发奎部南下广州、建立新的革命大本营的问题。由于此时国民革命军第二方面总指挥张发奎已显现背叛革命的迹象，邓中夏认为，我党随张发奎回粤的计划难以实现，"应该抛弃依靠张之主张，而决定一独立的军事行动"，由共产党员叶挺领导的部队联合此时还不是共产党员的国民革命军20军军长贺龙，组成革命武装，实行南昌起义，打响武装反抗国民党反动派的枪声。

邓中夏的主张，得到与会人员的赞成。但事关重大，须经党中央批准。当时瞿秋白正在庐山，21日，邓中夏和李立三去征询瞿秋白的意见。瞿秋白表示"完全赞成"，随即返回武汉，向党中央汇报。邓中夏、李立三等人继续留在九江，进行武装起义前的准备工作。

瞿秋白回到武汉，立即向党中央汇报了九江会议内容。中共中央于7月24日召开会议，同意举行南昌起义，并任命周恩来为前敌委员会书记，赴南昌主持起义工作。7月25日，周恩来和陈赓赶赴九江，向邓中夏等人传达党中央的决定。周恩来表示，"完全同意"举行武装起义，并提出以土地革命为口号，把没收大地主的土地列为政纲。

南昌起义就此最后确定下来。会议决定，全体与会人员积极作好军事准备，由邓中夏将南昌起义的计划回汉报告中央。

1927年8月1日凌晨2时，由周恩来、贺龙、叶挺、朱德等领导，成功举行了八一南昌起义。这是中国共产党直接领导的带有全局意义的一次武装起义，标志着中国共产党独立地创造革命军队和领导革命战争的开始。1933年7月11日，中华苏维埃共和国临时中央政府决定，每年8月1日为中国工农红军成立纪念日。8月1日就此成为中国工农红军和后来中国人民解放军的建军节。

八一南昌起义爆发之际，邓中夏作为中央秘书长，正在参与筹备党的八七会议，为这个具有历史意义的会议召开全力以赴，倾心尽力。1927年8月7日，中国共产党紧急会议在汉口鄱阳街193号秘密举行，邓中夏与瞿秋白等10名中央委员，毛泽东等3名候补中央委员，以及中央监察委员会、青年团中央等各方面的代表共22人出席会议。虽然形势紧张，会议只开了一天，却通过了《中国共产党中央执行委员会告全党党员书》等重要文件，决定实行土地革命和武装反抗国民党反动派的总方针，要求具备条件的省份发动群众，举行秋收起义。会议选举苏兆征、瞿秋白等9人组成新的临时中央政治局，选举邓中夏、周恩来、毛泽东等7人为政治局候补委员，选举瞿秋白、李维汉、苏兆征为政治局常委，由瞿秋白主持党中央工作。

八七会议是中国共产党历史上一次非常重要的会议，它在中国革命遭受严重挫折的紧急关头，结束了右倾机会主义在党内的统治，对挽救大革命失败所造成的危局，实现党的战略转变，起到了重要作用。中国革命从此进入第二次国内革命战争时期。而邓中夏对党的八七会议的召开，对共产党人打响武装反抗国民党反动统治的第一枪，无疑起到了不可磨灭的作用，殊勋异绩，遗芳余烈，必将永载中国革命的光辉史册。

11 肩负重任

　　党的八七会议后，邓中夏被党中央派往白色恐怖下的上海，担任中共江苏省委书记。上海是中国境内的超级特大城市，是近代中国社会发展的前沿，虽然 1927 年 7 月 7 日已成为特别市，直辖南京中央政府，不再归江苏省管辖，但当时人们习惯上依然把上海与江苏连在一起。而江苏省委机关同样秘密设在上海，因此江苏省委又称上海省委。

　　上海是蒋介石发动反革命政变的策源地。四一二之后的上海，反革命分子弹冠相庆，反动气焰甚嚣尘上。按照蒋介石"宁可错杀一千，不可放过一个"的指令，仅从四一二政变到当年年底，上海包括江苏公开被杀害的革命志士即达 1836 人，同时有大批共产党人被捕。一些不坚定分子叛变投敌，许多同志被迫到外地隐蔽。就在党的八七会议紧张进行的时候，江苏省委机关被敌人破获，江苏省委书记、陈独秀的大儿子陈延年不幸被捕，随即被敌人杀害；另一位著名的共产党人赵世炎刚代理省委书记，又被叛徒出卖，惨遭杀害。这时的上海和江苏，党组织处在瓦解和瘫痪的状态。

邓中夏就是在这样险恶的条件下，担任江苏省委书记。杀机重重，凶险重重，几经辗转，邓中夏找到江苏省委其他负责同志。之后，和大家一起分析形势，全力投入恢复党组织的工作中。当时，陈乔年任省委组织部部长，李富春任宣传部部长，王若飞任农委书记。

邓中夏把全省划分为 6 个地区，陆续建立了淞浦、沪宁等 6 个特委，积极恢复各地的党组织。省委派出人员到全省各县，把失去联系的党员组织起来，对遭到破坏的党组织进行整顿。为加强对地方党组织的领导，邓中夏从城市中调一批同志下乡，又调一些从武汉撤退到上海的同志和本地的工人同志，充实到县委一级的组织。经过紧张工作，到当年年底，江苏大部分县都重新建立了党的组

织，有些原来没有党组织的县也在白色恐怖下建立了党组织。到1928年夏，江苏60个有农村党组织的县中，55个成立了县委。

党组织建立起来了，邓中夏随即把贯彻八七会议精神，发动农民起义，提上省委的工作日程。1927年10月初，由邓中夏主持，省委在上海召开宜兴、无锡等地县委书记会议，号召各地组织农民起义，武装反抗国民党反动派。在省委会议精神鼓舞下，11月1日，宜兴贫苦农民1000多人和部分陶业工人一起，打响了江苏省秋收起义的第一枪。起义部队一度占领宜兴县城，在城内打开监狱，搜缴反动武装，宣布成立宜兴工农兵苏维埃政府，惩办了罪恶昭著的土豪劣绅。之后，无锡、海门、江阴、崇明等地也先后爆发农民起义。由于敌我力量悬殊，缺乏斗争经验，这些起义最后都遭到反动派的镇压。但起义提高了农民的觉悟，锻炼了党员干部队伍，扩大了党的影响。

当时，由于缺乏斗争经验，农民起义往往出现"一暴二移"的现象，也就是起义时领着群众打土豪、分财产，土豪打倒了，财产分完了，就把积极分子带走了，群众跟着也散伙了，缺乏坚持原地斗争和建立根据地的思想。因此起义一处，失败一处，虽然轰轰烈烈，却都不能持久。邓中夏及时总结经验教训，指出农民起义不能像流寇那样到处流动，必须坚持长期斗争。之后，一些地方的农民起义改变了过去的做法，注意依靠群众坚持斗争。这些小股武装游击队，终于涓涓细流汇成大海，发展成为红14军。

恢复和发展工人运动，同样是江苏省委的重要工作职责。上海是中国工人阶级队伍人数最多的城市，大革命时期，我党领导的上海总工会有近百万会员。四一二政变后，上海总工会被查抄封闭，蒋介石指定国民党的党棍、特务、流氓，组织反动的"白色工会"。工人们稍有反抗，即遭镇压，工人们原来经过斗争争得的一些权利，如减少工时、不能随便开除工人等，被资本家反攻倒算反得一点不剩。一些依然秘密存在的"赤色工会"处境艰难，势穷力竭，难以开展活动。

在这种形势下，邓中夏认为，如果硬要工人和"白色工会"搞对抗，不仅难以取胜，还会造成不必要的牺牲，必须改变斗争策略，由"外表灰色的党员"打进"白色工会"内部，从里面开展工作，夺取工会的领导权。这一策略立竿见影，事半功倍，很快取得了成功。由于"白色工会"原来的头头脑脑都是些吃喝嫖赌抽五毒俱全的流氓无赖，只要共产党员和我们的积极分子打进去，一有工会选举，总是共产党员和积极分子当选。由此不仅使共产党员站住了脚，而且逐步把工人群众团结在我党的周围，为工人群众开展斗争准备了条件。到当年11月间，上海杨树浦5家纱厂即爆发了6万工人参加的同盟大罢工。虽然由于白色恐怖势力过于强大，罢工未能取得胜利，但显示了共产党人不屈不挠的斗争精神，教育和鼓舞了工人群众。

当时，上海党组织经常遭到破坏，大批共产党员和革命群众被捕被害。为保卫党的组织，打掉特务、叛徒的反动气焰，当年秋天，邓中夏利用上海工人起义中保存下来的20多支枪，组织了一支城市武装，隐蔽于喧哗闹市，战斗在大街小巷，专门打击特务、叛徒和为非作歹的工贼。开始，这支队伍没有名字，后来老百姓根据这支队伍的活动特点，给它起了个响亮的名字——打狗队。

打狗队的成立，打击了敌人，保卫了党的组织，有力配合了工农运动开展，引起了党中央的重视。1928年，党中央建立中央特别行动科，简称中央特科。由于在同一座城市，担负同样的使命，打狗队随即归中央特科领导，成为特科一支重要的武装力量。

正当江苏省委的工作卓有成效、全面展开的时候，1928年2月，邓中夏被党中央派往香港，担任中共广东省委书记。

地处祖国南疆的广东省，这时正处在严重的白色恐怖之中。1927年12月11日，张太雷、叶挺、叶剑英等遵照八七会议精神，发动了震惊全国的广州起义。由于国民党很快集结了5倍兵力，在帝国主义军舰的支持下，向起义部队疯狂反扑，起义军民与敌人激战3天3夜，最终失败。起义总指挥张太雷在战斗中壮烈牺牲。张太雷牺牲后，党中央派李立三赴广东接任省委书记。但李立三到广东后，片面指责起义的同志，一味实行"惩办主义"，造成党内的思想混乱和严重对立。

党中央了解到这一情况，立即调邓中夏接替李立三的职务，解决广东党内存在的问题。

当时，广东省委机关设在香港。1928年春，邓中夏化装成商人来到香港。他首先对广州起义进行认真细致的调查研究，然后通过个别谈话和各种会议，向大家解释起义失败的原因，对有关事实予以澄清。最后，邓中夏得出结论——帝国主义和国民党军阀的力量比起义部队多出几倍，起义失败是难免的，同时客观总结了起义的经验教训，肯定广州起义的重要意义。因为事实清楚，分析透彻，得到大家的普遍认可。之后，邓中夏通过党中央，宣布撤销对恽代英、叶挺等同志的处分，从而消除了党内的埋怨对立情绪，加强了党内的团结。

正当邓中夏把同志们的注意力转向积极对敌斗争的时候，却突然和中共广东省委的其他常委同志一起，全部被敌人逮捕。

1928年2月的一天，邓中夏在香港广东省委地下机关召开省委常委会议。会议讨论了由邓中夏起草的省委给琼崖特委的工作指示信。讨论结束后，邓中夏让负责会议记录的同志赶去面见琼崖特委的秘密交通员。负责会议记录的人员刚刚离去，香港警察局的大批警察突然冲进了会场，对所有人员进行搜查，他们查到了会议记录，接着拘捕了屋内的所有人员。

原来，参加省委常委会议的黄谦，在大革命时期处死过一个罪恶累累的恶霸地主。地主的儿子怀恨在心，大革命失败后，一直在查找黄谦的下落。刚好这一天，黄谦的行踪被地主的儿子发现，导致广东省委全体领导同志被捕。

面对敌人的突然袭击，邓中夏非常沉着。他知道，敌人虽然拿到了会议记录，但会议记录者已经离开，记录本上没有屋内其他人的任何痕迹，于是在警察盘问时，按照早就和大家约好的假供，说自己是上海来的商人，正和室内人员进行一笔交易，并坚持要敌人进行笔迹鉴定，以证明室内人员和会议记录没有任何关系。

鉴定笔迹，当然找不到证据。但敌人知道黄谦是共产党，因此对所有被捕人员严刑拷打，恫疑虚喝，想通过审讯弄清他们的身份。邓中夏和其他被捕人员众口一词，都说自己是商人，在做生意。

香港警察做梦也想不到，审问的人中，就有他们日思夜想企图抓捕的邓中夏。

邓中夏等人被捕后，香港地下党立即展开营救活动。党中央随即派周恩来赶赴香港，亲自领导营救工作的开展。由于敌人没有确实的证据，加上高薪聘请的英国律师据理力争，使尽浑身解数，最后除黄谦同志英勇牺牲，被拘捕的其他人全部被释放，返回了内地，脱离险境。

12 坚持原则

邓中夏离开香港后，即回到上海。不久，他奉党中央之命，赴莫斯科参加赤色职工国际四大和党的六大。

赤色职工国际，又称赤色工会国际，是由各国革命工会参加的工会国际联合组织，其宗旨是为工人阶级的利益而斗争，既与共产国际采取一致的行动，又保持组织上的相对独立性。邓中夏等人辗转到达莫斯科时，赤色职工国际第四次代表大会已经闭幕，邓中夏没赶上大会召开。但由于对中国工人运动的杰出贡献，以及在国际工人运动中的巨大影响，邓中夏被大会选为赤色职工国际中央执行局委员。随后，邓中夏留在莫斯科，和各国工会的领导人一起，领导赤色职工国际的工作；不久，又和周恩来、瞿秋白等一起，参加党的六大筹备工作。

1928年6月18日，中国共产党第六次全国代表大会在莫斯科近郊开幕。这是中国共产党唯一一次在国外举行的全国代表大会。大会由瞿秋白、周恩来、邓中夏等21人组成主席团，下设13个专门委员会。邓中夏是其中6个委员会的成员，在会议讨论中，对许多问题都提出了有益的意见。7月10日，大会进行选举，邓中夏当选为中央候补委员。

党的六大闭幕后，邓中夏和瞿秋白等同志一起，代表中国共产党，出席了在莫斯科召开的共产国际第六次代表大会。会后，和瞿秋白、张国焘、王若飞等组成中共驻共产国际代表团，由瞿秋白任团长，张国焘任副团长，常驻共产国际工作。根据代表团分工，邓中夏任中华全国总工会驻赤色职工国际的代表。此后，邓中夏为促进中国工会和世界各国工会之间的彼此了解和相互支援，做了大量工作，写出《白色恐怖下之中国职工运动》《上海新兴的黄色工会》等文章，1929年，又撰写了《中国职工运动简史》，向全世界工人阶级和各国工会介绍中国工人阶级的伟大斗争和革命经验。

邓中夏在莫斯科期间最应该被历史记住的，是同王明宗派集团进行坚决的斗争。

王明，生于 1904 年。1925 年秋，21 岁的王明被我们党送往莫斯科中山大学学习。中山大学是苏联为纪念中国民主革命的先驱孙中山而创办的，目的是为中国革命培养人才。王明的记忆力很好，能死记硬背一些马列主义的词句。但"唯圣""唯书"加上小肚鸡肠，形成王明的道德人品和处事风格，热衷于耍心眼，喜欢吹牛拍马，总想出人头地。这恰好很对当时中山大学副校长米夫的胃口。于是，米夫利用王明坐上了中山大学校长的位子，并且成为共产国际东方部中国部的负责人，王明则要利用米夫夺取中国共产党的领导大权。

王明自命不凡的品行，遭到中山大学绝大多数中国同学的鄙视。尤其是作为中共老党员的俞秀松、董亦湘等人，认为王明的人品够不上一个共产党员。王明既属于那种睚眦必报的性格，又想除掉自己向上爬的障碍，因此在米夫的支持下，首先把打击报复的矛头指向在同学中有很高威望的俞秀松等人。俞秀松是浙江人，董亦湘是江苏人，于是王明一伙无中生有，给他们起了个莫须有的名字——"江浙同乡会"。在党内搞小团体，已是罪莫大焉，而时任党的最高领导人、此后成为叛徒的向忠发，又在对留苏学生讲话中满嘴跑火车地胡诌："江浙同乡会"都该枪毙。由此引起广大中国留学生的愤怒和不安，纷纷向党中央和中共驻共产国际代表团申诉。中共中央对此十分重视，指示中共驻共产国际代表团就地解决问题。中共代表团团长瞿秋白和邓中夏等人按照中央的指示，到中山大学进行具体调查。

经过认真调查，中共代表团没有发现所谓的江浙同乡会，更不存在任何所谓反动证据。比如被说成"江浙同乡会"会长的周达文是贵州人，不是江浙人，选个贵州人当"江浙同乡会"的会长，只能是贻笑大方。因此，中共代表团在给中央的报告中，对王明一伙的指控予以了否认。

王明一伙不肯善罢甘休，他们伙同米夫，继续无事生非，造谣诬陷。不得已，第三国际监委、联共中央监委和中央驻共产国际代表团又联合组成审查委员会。审理的结果，照样否认了所谓"江浙

同乡会"的存在。

瞿秋白、邓中夏坚持原则、实事求是的态度，使王明一伙打击陷害党内同志的阴谋失败。王明一伙恼羞成怒，随之把攻击的矛头转向中共代表团，同时在中山大学校内继续制造冤假错案，把对他们言行表示不满的同志说成"无视党的领导"，将中山大学团支部局的同志打成"先锋派反党集团"，把对他们提出反对意见的工人出身的李剑如等打成"工人反对派"反党集团，予以残酷的迫害。邓中夏为此与王明等人发生了严重争执。而当时中共驻共产国际代表团中，瞿秋白身体不好，经常要养病；张国焘偷奸耍滑，遇事绕着走，只有邓中夏与王明等人经常发生争论。王明一伙对邓中夏恼恨异常，开始直接打击和诬陷邓中夏等人。

在处理中山大学的问题时，邓中夏已经察觉王明一伙心底不净、别有企图的野心，认为米夫通过王明组织小集团，相互利用，不讲原则，意图夺取中共中央的领导权。例如违反组织原则，把本该送给共产国际的文件，背着中共驻共产国际代表团，擅自交给王明等人进行研究，然后组织批判。

这已经涉及党的组织纪律问题，引起中共代表团全体成员的愤慨。瞿秋白与邓中夏等人商量后，向共产国际提出撤换米夫中国部部长的决议，并得到共产国际东方部部长的同意。

米夫的实际工作能力平平，投机取巧却很有一套，既善于走上层路线，又蒙蔽了一些领导人员。结果，中国代表团的要求不仅未能实现，反而更加引起米夫和王明的忌恨。为了"打垮代表团"，米夫、王明利用苏共清党的时机，断章取义，任意编造，对代表团发动了疯狂进攻，指责瞿秋白、邓中夏"犯了机会主义的罪行"。苏共中央为此专门派出中央委员吉尔萨诺娃到中山大学进行调查。不想吉尔萨诺娃是个不负责任的机会主义分子，在上层压力下，拿出一个报告，称米夫、王明"基本上是正确的"。瞿秋白、邓中夏等人由此成了"机会主义和异己分子的庇护者"。

即使在这种情况下，邓中夏依然坚持真理，坚持原则，不向强权和错误势力低头。当米夫装腔作势地向中共代表团宣读所谓处分决议时，邓中夏奋起抗争，当场提出要向共产国际主席团进行申诉。由于米夫和王明一伙颠倒黑白，共产国际又不顾事实，1930 年春，中共驻共产国际代表团被迫改组，瞿秋白和邓中夏被通知随时回国。

邓中夏、瞿秋白等人与王明一伙的斗争，是一场保护革命同志、维护党的利益、坚持党的原则的大是大非的斗争。这场斗争持续了两年之久。虽然邓中夏等人为此遭受错误的打击，但他们为了革命利益不回避矛盾，不害怕困难，不考虑个人得失，不向违背真理现象低头的品质和勇气，永远值得每一个革命者学习。

13 开拓苏区

1930 年 7 月，邓中夏告别同志与战友、妻子和儿子，离开苏联，回到祖国。8 月，邓中夏到达上海，当年 9 月，受党中央派遣，到湘鄂西根据地工作，担任中共湘鄂西特委书记和红二军团政治委员兼前敌委员会书记。

湘鄂西根据地位于长江、汉水之间，西抵长江三峡和神农架，东到武汉西部附近，南达洞庭湖和武陵山脉，北至桐柏山南麓，包括洪湖、湘鄂边、巴兴归等几块红色区域。湘鄂西根据地是贺龙、周逸群等人经过几年的游击战争，逐步建立起来的。1930 年 7 月，贺龙创建的红 4 军奉命与周逸群、段德昌建立的红 6 军会师，合编为红二军团，贺龙任总指挥，周逸群任总政委兼前委书记，柳克明任政治部主任。全军团 1 万多人，有 5000

余支枪。

创立红二军团，与当时李立三推行"左"倾冒险错误有关，目的是"争取革命首先在湖北胜利"，进攻荆州、沙市，夺取占领武汉。这显然不切实际。而当时的中央军委特派员柳克明，也就是后来人人皆知的柳直荀，当时受"立三路线"影响较深，与贺龙等人的分歧很大，导致军事行动屡战屡败。红二军团军心浮动，士气低下，随时都有全军覆没的危险。

就是在这个危难关头，邓中夏来到洪湖苏区。经过认真分析，邓中夏认为，进攻武汉是冒险行动，绝不可取，要求红二军团返回洪湖，并向党中央如实报告了有关情况。红二军团就此扭转了被动的战略局面。在贺龙、邓中夏的指挥下，9月22日，红军解放了监利县城，歼敌2000多人，缴枪1000余支。全军士气大振，消沉情绪一扫而光。之后，红军将士越战越勇，越打越强，连续取得了仁里口、张家渡、仙桃镇等战斗的胜利。到11月下旬，短短一个多月时间，就歼敌1万多人，壮大了红军，扩大了苏区。

进行土地革命战争，关键在于建立巩固的革命根据地。邓中夏在协助贺龙开展军事斗争的同时，更注重革命根据地的建设和开拓工作。

在邓中夏未到湘鄂西之前，根据地的党组织和红军也为创建苏区做了不少工作。但创建苏区是一项前无古人的事业，有个探索实践的过程，必然会存在失误和缺陷。而这在湘鄂西苏区表现得特别明显。打下监利县城后，邓中夏从粉碎反动派进攻、争取革命胜利的角度，对整个根据地建设予以通盘考虑、全面规划，着手湘鄂西苏区的巩固、创建和开拓工作。

一是加强红军队伍建设。建设根据地离不开枪杆子，必须要有铁一般的红军。针对红二军团存在的纪律不严、极端民主化、缺乏团结等问题，邓中夏实事求是地提出批评和建议，着力加强对领导干部的思想教育工作，加强部队内部的团结。对一度遭到"左"倾机会主义者攻击的贺龙，如实向上级报告情况，消除了中央对贺龙的怀疑；对犯了"左"倾错误的柳克明，在其认识到错误后，请求中央让他继续留在苏区，担任红6军的政治委员；

针对部队正规训练不足、不能适应大部队作战需要的问题，与贺龙等人从战斗科目、政治觉悟、军事机关3个方面，对部队进行整训，提高部队的军事、政治素质，提升了部队的战斗力。

二是确立正确的根据地建设原则。原来湘鄂西根据地的一些人认为，既然搞农村包围城市，苏维埃机关就只能设在农村，即使县城没有敌人也不愿留在县城。由于缺乏一个政治经济和地域的中心，自然形不成根据地的有效领导和集聚效应。反动势力一来，不是领导群众打击敌人，而是敲锣叫群众跑兵。群众对苏区缺乏信任和认同，根据地始终处在动荡不定的状态。对此邓中夏指出，要正确理解农村包围城市与建立革命政权的关系，凡条件许可的地方，各县苏维埃政府"必须设在县城"；在苏区内，必须建立地方性质的红军赤卫队，负责保卫苏区；同时提出把监利、沔阳等9县连成一片，成为统一的苏维埃区域，以有效对抗敌人的进攻。

三是制定正确的土地政策。土地革命战争的根本问题是土地问题，解决不好土地问题，就没有土地革命战争的胜利。而湘鄂西苏区之前既没有进行正确的土地改革，又在政策上模糊不清，在实践中造成过重大的失误。例如把中农当作富农对待，打击面过大，革命力量薄弱。根据地内时常发生农民反对苏维埃的事件，甚至一次杀害共产党员和苏维埃工作人员70多人。为此邓中夏召开湘鄂西特委第一次紧急会议，会上通过了《土地问题决议案大纲》等决议，提出"抓住雇农及贫农、联合中农"的工作路线，规定只没收地主的土地和富农出租的土地，不能侵犯中农利益。

四是建立稳定的苏维埃政权。为保证苏区的稳定，邓中夏改变了以往各个根据地都要发行货币的做法，规定由联县政府成立"农民银行"，在根据地统一发行纸币。同时打破根据地之间相互封闭、苏区与白区相互隔绝的做法，明确指出，"赤区经济务于白区流通，封锁是自毁政策"。在政治上注重团结多数，形成反对反动派的强大革命力量。在对待过去的农民自卫组织"北极会""硬肚会"的态度上，提出把受蒙蔽的农民与反动头头区别开来，制止赤区群众与白区群众的相互对立和仇杀，争取和教育广大贫苦农民都站在革命的一边。

在邓中夏的提议下，1930年10月下旬，湘鄂西苏维埃在监利县城召开第二次代表大会。参加会议的工人、农民、士兵等共有800多人。大会开了7天，会议盛况空前，与会人员情绪高涨，邓中夏和贺龙都在会上发表了鼓舞人心的讲话。会议通过了《土地革命法令》《保护工农法令》《武装工农法令》《保护人权法令》等一系列法令。会后，苏区干部群众革命热情空前高涨，政策水平普遍提高，对推动苏区土地革命，发展苏区的经济文化，加强苏维埃政权建设，动员苏区人民投入反"围剿"的斗争，都起到了很大的作用。

在开展现有苏区建设的同时，随着军事斗争的进展，邓中夏又对湘鄂西根据地的建设进行了统筹规划。经过斩关夺隘、撞县冲州，1931年5月，邓中夏与贺龙率领红军部队，到达鄂北武当山区的房县境内。这里位于鄂、豫、川、陕4省交界处，山势险要，地处偏僻，反动统治薄弱，群众拥护革命。邓中夏认为，这是我军建立根据地的一个极为理想的地区，应以武当山为中心，建立一个包括湘鄂西、鄂北、豫南在内的统一的大根据地，完成鄂北鄂西统一的大业。到 1931 年 8 月，红军击退了国民党军的数次进犯，部队也得到了休整和补充。苏区出现了相对稳定的局面。

正当邓中夏对建立湘鄂西根据地满怀信心、革命根据地日益巩固发展的时候，一场意外的政治迫害却横生枝节，突然袭来。

1931 年 1 月，在米夫的操纵下，中共六届四中全会将瞿秋白等同志排挤出党中央，王明等人则钻进了中央政治局。王明就此控制了中共中央的领导权。王明控制党中央的领导大权后，立即于 1931 年 2 月以中央政治局的名义通过决议，诋毁瞿秋白、邓中夏犯了支持派别斗争的严重错误，指责邓中夏在苏区执行"富农路线"，犯了"上山逃跑"的错误。接着，派出夏曦到湘鄂西，全面取代邓中夏的职务。夏曦一朝权在手，便把令来行，于 3 月"撤销"了邓中夏的一切职务。由于形势险恶，部队不断流动，交通阻隔，夏曦的决定没有及时送达，邓中夏才在此后几个月中，继续负责其原来担负的工作。

1931 年 9 月 28 日，夏曦终于宣布撤销了邓中夏的一切职务。此后，邓中夏只能以随军人员的身份，随红军部队行动，并被迫不断检讨。而夏曦依然咄咄逼人，不依不饶，在 1931 年 12 月 9 日，又以湘鄂西省委的名义，给邓中夏以"严重警告"，并"请求中央讨论他的党籍问题"，随后派人将邓中夏送往党中央"听候处理"。

但是非自有曲直，公道自在人心，历史自有公论。邓中夏对洪湖苏区建设的贡献，已经深深留在了众人的心中，留在了后人的心中。贺龙之后说："中夏很有学问，为人正派，不打击别人，能照顾团结。"犯过"左"倾错误的柳克明，也在实践中总结了经验教训，1932 年 9 月，因反对党内"左"的错误方针，被撤销了所有职务，为维护党和人民的利益献出了自己的一切。

1931 年 12 月，一个冷风瑟瑟、白雾茫茫的早晨，邓中夏在一位余姓交通员的带领下，在监利县周老嘴南头的小河边，登上一只去上海的小船，默默离开了自己浴血奋战的洪湖苏区。天茫茫，水茫茫，雾茫茫，小船轻轻摇动，缓缓移动，慢慢进入一片深深的浓雾当中……

初心如磐

革命的道路从来就不是笔直的平坦大道，中国革命是在披荆斩棘中曲折前行，崇高理想不是一蹴而就的主观想象。

"觉悟的门前，便是刀山剑树。"自打决心投身于共产主义事业的那一天起，邓中夏就把自己的一切都交给了党。不论是在党的核心领导机关，还是在其他工作岗位，不论工作环境好坏，职务怎样变动，始终把党的利益放在第一位，从来不计较个人的利弊得失。

1932 年年初，邓中夏从湘鄂西苏区回到上海。离开湘鄂西时，"左"倾教条主义者"请求"中央讨论邓中夏的党籍问题，邓中夏因此离开了湘鄂西。但回到上海时，党内情况发生了很大的变化。1931 年 9 月，秘密设在上海的党中央机关遭到破坏，王明和米夫随即回到苏联，同时指定博古作为党中央的"总负责"。博古这时只有24岁，自己反复讲担负不起"总负责"的责任。博古就是秦邦宪，曾经是上海大学的学生。对邓中夏的问题，"左"倾机会主义者十分棘手：开除党籍，没有依据，马上重新起用，对王明不好交代。于是只能把邓中夏的问题不明不白地拖着吊着。

不进行组织处理，当然是件好事。但这样一来，邓中夏马上面临着基本的生存问题。当时党员干部只能依靠组织上每月发的微薄的生活费去生活，个人没有任何积蓄。一旦没有地方工作，也就没有地方发生活费。以邓中夏的处境，又不可能随意去找工作。加上正发疟疾，此时的邓中夏，孑然一身，贫病交加，衣食无着。他向党中央写了很多封信，表示只要为党工作，做什么都成，却都遭到拒绝。一个党的领导干部，就这样毫无道理地被撂在那里。

风浪里看胆魄，逆境中见忠诚。对于受到的误解和所处的困境，邓中夏坚信，一定有水落石出的一天，对党的信仰始终不变，赤心依然如磐。

这时，邓中夏的爱人李惠馨已于1931年年底从苏联回到国内，在党的一个情报机构担任秘密交通员。李惠馨生于1909年，是著名工人运动领袖李启汉的妹妹，从小历经磨难，两次被卖给他人作童养媳，1926年1月和母亲逃荒来到广州，随即投身于省港大罢工的斗争。李惠馨个子娇小，聪敏上进，性格和善，大家都叫她"小妹"，邓中夏也跟着叫妹妹，这个称呼一直延续到两人婚后。在广州期间，正和邓中夏并肩战斗的李启汉，看到邓中夏一直独身，便把妹妹介绍给邓中夏，革命战友又成了郎舅亲戚。1926年8月，由刘少奇夫妇当证婚人，李惠馨和邓中夏喜结良缘。1932年2月，李惠馨偶然得知邓中夏此时的遭遇。她不相信所谓邓中夏的错误，面对无依无靠的丈夫，李惠馨向组织提出，由自己照顾邓中夏的生活。

"左"倾机会主义者不同意。李惠馨坚定地说："只要邓中夏还是共产党员，他就是我的丈夫，我要和他一起生活。""左"倾机会主义者只好同意了李惠馨的要求，但同时要李惠馨离开党的情报机构。

离开党的情报机构，同样意味着失去基本的生活费来源。为了生计，为了照顾病中的丈夫，李惠馨只好到一家日本纱厂当学徒。日本资本家对中国工人的压榨十分残酷，每天要做工 15 个小时，拼死拼活地干，一个月收入只有 7 元钱。邓中夏和李惠馨就靠着这点收入维持生活，而房租每月就要花去 3 元，以至于有时两人连稀饭都吃不饱。尽管如此，他们还时不时救济地下党员与贫困工人。为贴补家用，邓中夏也不得不拖着有病的身体，经常去码头、车站做搬运工。

　　李惠馨和邓中夏患难与共，生死相依，一起度过了这个艰难的时期。在这期间，李惠馨再次怀孕。但由于过度劳累，不幸导致小产。

　　邓中夏一生有过两次婚姻。第一次，属于封建包办的畸形婚姻：邓中夏的父亲原来为大儿子指腹为婚，娶杨家的女儿杨贤怀为妻，都结婚一年了，又说两个人的八字不合，于是重新指令邓中夏接替哥哥，和杨贤怀结为夫妻。对这段令人难堪的叔嫂配，邓中夏一直耿耿于怀，既不想承认，又不忍杨贤怀过于伤心，二人有夫妻之名，无夫妻之实，自然没有孩子。与李惠馨结婚后，有过4次生育，却都不是因病夭折，就是在革命中失散。新中国成立后，李惠馨多次寻找送了人的孩子，终未成功。后来李惠馨改嫁给一个红军干部，所生子女按照李惠馨的意愿，一律称邓中夏为先父。

邓中夏的疟疾治好后，再次要求组织给自己安排工作。这次组织上答应了，把邓中夏安置到沪东区委宣传部，刻钢板、印传单、编印油印小报。别人为此感到愤愤不平，邓中夏却认为，能为党工作就是最大的愉快。他工作十分认真，将一张小报办得有模有样，有声有色。

是生铁总要生锈，是金子总会发光。时间不长，党内不少人都知道沪东有个很会写文章的同志。

1932年三八妇女节前夕，上海地下工会准备发动工人举行庆祝活动，起草了一份三八节宣言。为增强文章的感染力，组织上叫在中共沪西区委做妇女工作的帅孟奇，去沪东找那位"很会写文章的同志"帮助修改。两人按接头暗号见面后，帅孟奇大吃一惊：很会写文章的同志是邓中夏！帅孟奇早

就知道邓中夏是党的领导干部。邓中夏看出了帅孟奇的疑虑，笑着说："共产党员嘛，哪里需要就到哪里。"

就是在这种含冤蒙垢的逆境当中，邓中夏对党依然忠心耿耿，对革命矢志不移。人们也永远怀念邓中夏的冰魂雪魄、高风亮节。在南京雨花台邓中夏烈士的展厅里，还专门有一个场景，叫"刻钢板的大人物"。

即使身处逆境，邓中夏也不忘坚持党的原则，始终把党的利益放在第一位。

中国革命互济会，全称"中国革命人道互济总会"，前身为中国济难会，是国际革命人道互济会的分支机构，也是中国共产党的一个重要外围组织。互济会的主要任务是反对白色恐怖，救济被压迫群众，反对进攻苏维埃，尤其是要营救被敌人逮捕的革命同志。在白色恐怖下，这样的组织既要秘密开展工作，又必须有必要的公开活动；既是国民党查封和屠杀的对象，又很容易被敌人发现，往往要承担更大的工作压力和风险。

1932 年夏天，设在上海的互济总会和各省市的互济会组织相继遭到国民党的破坏。而共产党人和革命群众不断遭到敌人逮捕，急需有人营救。恢复互济会组织，成为党的一项重要而紧迫的工作。11月，邓中夏临危受命，担任全国互济总会主任兼党团书记。邓中夏是党的重要领导人，在国民党重赏通缉的黑名单上与周恩来齐名，过去又长期在上海活动，不少反动分子都能认出邓中夏。但邓中夏知道，互济会工作关系党的事业，关系同志们的生命，因此毫不畏惧，迎难而上，在十分艰难的情况下，积极开展互济会的工作。

就在这时，李惠馨因叛徒出卖，不幸被捕。邓中夏的生活再次陷入窘境，只好经常去当搬运工。为了互济会组织的恢复和工作开展，邓中夏又必须早出晚归，履险蹈难，辛勤奔波。

有天晚上，邓中夏化名"老杨"，参加一个工人座谈会。一位老工人听了邓中夏的发言，勾起了对往事的记忆，激起心中的共鸣，他很有感情地说："听老杨讲话，使我想起了邓中夏同志。"并询问邓中夏："你是他的同乡吧？"

老工人的话，引起同志们对邓中夏安全的担

心，要求他今后不要在公开场合讲话。

邓中夏说："我们要善于隐蔽，但不能为了安全便毫无作为。如果是那样的话，我们就失去了一个革命战士的作用。"

经过邓中夏和互济会同志的艰苦努力，上海及各地的互济会组织在短短几个月便恢复起来了，会员人数还超过以往。社会各阶层中同情革命的人士通过多种形式组织起来，营救被捕同志和救济他们家属的工作都有效开展起来。

虽然1933年1月临时中央政治局难在上海立足，迁到了中央苏区，但在工作中却依然要坚持冒险主义的做法，要求当年五一劳动节在上海市中心举行"飞行集会"，并命令邓中夏发动群众参加。

为避免不必要的牺牲，邓中夏一再要求上级改变这种做法："我们刚刚反对了'立三路线'，这样做与立三同志的行为有什么两样呢？"

"左"倾机会主义者固执己见，以势压人："你怀疑党今天百分之百的布尔什维克领导吗？"

由于"左"倾机会主义者坚持冒险主义的做法，而敌人也掌握了我们党的活动规律，五一节那天，有60多名同志不幸被捕，党的相关组织也被查抄封闭。邓中夏听到这些消息，万分悲痛。他对身边的同志说："这简直是拿同志们的生命当儿戏！"他感叹道："不知什么时候，这些'理论家'们才懂得，只有长期积蓄力量，才能与敌人进行决战这条真理！"

烈火见真金，板荡识忠臣。邓中夏，像一团炽热的火焰，一生都在为理想燃烧，为党和人民燃烧，映红了鲜艳的党旗，映照出共产党员的初心，映射出邓中夏怀瑾握瑜、光风霁月的崇高人格！

15 指路明灯

　　在震天动地、气壮山河的省港大罢工中，工人群众称赞大罢工的领导者邓中夏和苏兆征，是引导工人群众走向光明的"指路明灯"。

　　邓中夏是一个出生入死、不避斧钺的革命家，也是一个卓越的党的理论家。自打十月革命的隆隆炮声传到中国，北京大学就成为一片传播马克思主义的热土。而邓中夏是最早一批接受马列主义的青年思想家，为马克思主义在中国的传播作出了突出贡献。更难能可贵的是，邓中夏始终注意把马克思主义理论与中国革命的实际联系起来，结合中国革命的特点和规律，对中国革命的指导思想、历史进程、领导权等许多重大问题，进行了深入的探索，撰写了大量指引中国革命前进的理论文章，提出了很多忧深思远的真知灼见。

邓中夏一生勤于思考，善于思索，著述博大精深，见解远虑深谋。仅出版的《邓中夏全集》，就有150万字。从1919年2月《致校长蔡元培先生函》，到1933年要求国民党当局释放五一节被捕人员的《抗议书》，其留存下来的公开发表的文章，即达221篇。还撰写了《一九二六年之广州工潮》《中国职工运动简史》等专著。除邓仲澥、邓康、邓中夏3个本名，其使用的笔名仍有6个之多。在使用的笔名中，最多的是"重远""大壑"，分别有17次和14次，体现出邓中夏对前路漫漫的不懈求索和对历史责任的勇敢担承，展现出救国救民的无畏气概和勇往直前的战斗精神。

邓中夏文笔犀利，文风清新。1923年10月，辛亥元老彭邦栋揭露直系军阀曹锟进行贿选，遭到曹锟搜捕。时在上海的邓中夏立即以"重远"的笔名，在11月《新民国》杂志上发表了《直派贿选成功之内幕》等战斗檄文，声援彭邦栋。就在这期《新民国》杂志上，邓中夏还以"大壑"的笔名同时发表了《曹锟贿选与军阀势力之征测》等6篇文章，促进了全国轰轰烈烈的反贿选倒曹运动。一个作者在同一期杂志上同时发表8篇文章，在中国出版史上算得上空前绝后。这一期的《新民国》杂志因此洛阳纸贵，售卖一空。

马克思主义是真理，不是教条。实现马克思主义中国化，是中国共产党带领中国人民从胜利走向胜利的良方要诀。邓中夏积极探索实现马克思主义中国化的真谛，通过创办社会团体和刊物，向群众宣传马克思主义。同时注重理论与实际相结合，对中国的社会性质、阶级状况等进行马克思主义的分析，指出中国革命的任务和道路，提出由无产阶级担任领导者，通过组织工农联盟、武装斗争赢得革命胜利的政治主张，当之无愧是马克思主义中国化的率先实践者和创造者。

邓中夏对中国革命的理论贡献，首先表现为对新民主主义革命理论形成的贡献。在1927年春出版的《一九二六年之广州工潮》中，邓中夏指出："中国革命的政权是工人、农民、小资产阶级联合的民主主义的专政"；"一方面要消灭一切封建残余"，另一方面要"成立一个革命的反帝国主义联合战线的政权"。这个联合政权，要"使革命不落在资产阶级领导向资本主义的道路发展，而在无产阶级领导向社会主义的道路发展"，为中国革命指出了正确的发展前途和发展道路。

邓中夏首先提出了无产阶级领导权的思想。1923年至1924年，邓中夏先后发表了《革命主力的三个群众》《论工人运动》《论劳动运动》等文章，集中阐述了无产阶级在民主革命中的领导权问题，认为中国民主革命的领导权只能属于无产阶级，中国民主革命的领导权只能靠无产阶级的争取才能取得，无产阶级必须和农民结成联盟才能实现民主革命的领导权。

邓中夏的理论贡献，同样表现在对工人运动的理论探索和理论创造上。通过分析工人阶级的成长历史和中国社会各阶级的特征，邓中夏指出：中国工人运动是反对帝国主义和本国封建主义的政治革命，工人阶级是中国革命的领导者，而中国共产党是中国工人运动的领导者。对如何在工人阶级中做好宣传教育工作、如何建立健全工会组织等一系列问题，邓中夏都有深刻的理论阐述。邓中夏撰写的《中国职工运动简史》，是最早总结中国工运经验和规律的著作。

邓中夏在领导中国工人运动的同时，十分关注中国的农村和农民问题。1923年至1926年，他就农民问题发表了一系列重要文章，对农民在中国革命中的地位和作用，怎样实行工农联合，怎样开展农民运动，进行了十分精到和别开生面的论述，指出工农联合是胜利之本，政策和策略是农民运动的生命，一定程度上引领和指导了中国大革命时期农民运动的蓬勃开展。

理论指导实践，实践检验真理。邓中夏对中国革命的理论贡献，无疑是全方位和全面性的，而邓中夏在进行理论创造的同时，又努力付诸革命的实践，以实践升华理论，以理论指导实践。在领导省港大罢工时，成立了具有无产阶级政权性质的罢工委员会；在武装斗争中，虽然一开始难以摆脱俄国革命的模式，之后即对毛泽东开辟的井冈山道路予以高度赞扬，在湘鄂西根据地实行了一系列正确的土地革命政策，形成了正确的武装斗争理论。这些理论贡献，经得起历史的检验。这既与邓中夏是中国共产党的创始人有关，与邓中夏渊博的学识和卓越的理论思维能力有关，更是邓中夏对革命事业鞠躬尽瘁、披肝沥胆的充分体现。

从公开出版的著述看，邓中夏的理论创造已属卓越不凡。而在实际工作中，邓中夏还撰写了大量的文字和文章。有人统计，仅在省港大罢工中，在短短的一年多时间，邓中夏写出的文字即在50万字以上。1931年10月以后，在遭受打击迫害、滞留湘鄂西苏区的两个月中，邓中夏在一所旧式楼房里，足不出户，通宵达旦，既写出7万多字的工作总结，又从总结中国革命的经验教训出发，凭着记忆，利用旧式账簿纸，独自写出一本《中国共产党史稿》。这是一本关于中国共产党历史的著述，珍贵异常，殊为难得。邓中夏离开湘鄂西时，因不便携带，交给时任湘鄂西军委警卫师政治部主任郑绍文，特意嘱咐他妥为保存，"将来能有转交中央或者是出版的机会"。

遗憾的是，邓中夏以满腔心血写出的《中国共产党史稿》，在国民党军队的一次进攻中丢失了。后来，邓中夏在南京监狱中遇到郑绍文，得知书稿已经丢失，不禁连声叹息："再也没有机会写这样的东西了！"其对党的忠诚，对革命的衷情，溢于言表，感人肺腑！

16 大义凛然

邓中夏担任全国互济总会主任后，在十分艰难的条件下，积极开展工作，通过各种渠道救济被捕同志，利用一切手段向社会传递狱中同志的呐喊和呼吁，揭露国民党的法西斯嘴脸。

当时，国民党实行血腥屠杀的白色恐怖政策，关押革命者的监狱比比皆是，犹如一座座人间地狱，肆行无忌，人满为患。仅上海一地，就关押了几万名"犯人"，其中共产党员占相当大比例，还有不少要求抗日和进行抗日活动的爱国人士。他们在监狱里遭受着非人的待遇，没饭吃，没水喝，有伤不治，有病不医，许多人被活活折磨而死。为了揭露国民党的法西斯暴行，邓中夏采用各种办法，对法租界第二特区法院看守所关押的3000多名"犯人"的悲惨待遇作了调查，然后以全体"犯人"的名义，写了《反对压迫、要求改良待遇宣言》，印成传单，广为散发，以铁的事实揭露国民党反动派的残暴罪行，为数千名政治犯和爱国者发出愤怒的呼喊，给了国民党反动派以沉重的打击。

1933 年五一节后，由于"左"倾机会主义的盲目蛮干，致使我党 60 多名同志被捕。邓中夏对"左"倾机会主义者的瞎指挥痛心疾首，又不顾个人安危，投入紧张的营救斗争当中。他以"上海工人、学生、劳动群众"的名义，写了要求反动当局释放被捕人员的《抗议书》。《抗议书》义正词严，情真意切，从日本帝国主义的侵略说起，讲到国民党丧权辱国的卖国罪行，反映上海人民渴望抗日救国的热情，以及对国民党投降卖国的强烈抗议，在群众中产生了很大影响。

正当邓中夏打算进一步采取营救行动，发动上海各界人民开展大签名运动，迫使国民党释放五一节被捕人员时，却不幸被捕，落入敌手。

1933 年 5 月 15 日晚，邓中夏化名"施义"，前往上海法租界环龙路骏德里 37 号，找互济总会援救部部长林素琴研究工作。由于在此之前林素琴已经被叛徒出卖，长期被敌人秘密监视，因此邓中夏刚进入林素琴家中，法租界的大批巡捕即包围了林素琴的住处，逮捕了邓中夏和林素琴，并在屋内搜出许多党的文件和油印传单。

敌人是来搜捕林素琴的，没想到抓到了邓中夏。他们怀疑邓中夏是林素琴的上级，却不知道邓中夏到底是谁。敌人把邓中夏带到嵩山路巡捕房，刑讯逼供，严刑拷打。邓中夏遍体鳞伤，但咬定自己叫施义，在湖南当教员，来上海探亲访友。

依照当时法租界的规定，在证据不足的情况下，只要有人担保，就有希望出狱。于是邓中夏在当天晚上说服一个看守，让他找到互济会的律师史良，请她到巡捕房见面。史良立即来到巡捕房，用3块大洋支走巡捕。邓中夏与史良互不相识，但他十分信任地对史良相托："我担任重要工作，请设法营救。"邓中夏的开诚布公和泰然自若，使史良十分感动，当即接手了这个案子。

邓中夏等人被捕后，互济会也立即展开营救活动，并将这一情况报告给中国民权保障同盟主席宋庆龄。宋庆龄约史良到家里，商量如何营救邓中夏，还和何香凝等亲自帮助邓中夏募捐。党组织也在党的活动经费十分困难的情况下，花费大量金钱，力争营救邓中夏出狱。

史良是当时上海的著名律师，之前也曾以莫须有的罪名被关进国民党的监狱，之后是中国著名的"七君子"之一，新中国成立后，担任首任司法部部长和全国政协副主席、全国人大常委会副委员长等职务。知道了邓中夏的身份，史良深感责任重大，为保证营救效果，她请上海的著名律师一起承办此案。他们分析后认为，一定不能让国民党引渡邓中夏。当时设在法租界的高三分院，既是国民党政府设在法租界的司法机构，直属国民政府司法行政部，必须执行国民党的命令，又要遵从法租界的规定，因此律师在法庭上相对自由一些。

法院开庭时，国民党上海市公安局派人来，要求引渡施义和林素琴。史良等人以国民党拿不出证据为由，坚决反对。经过3次开庭，法庭作出对施义"不准移提"的裁定，但又判处其52天徒刑；同时裁定将林素琴移交上海市公安局。

林素琴被引渡后，在国民党的威逼利诱下，

很快成了叛徒，供出施义就是邓中夏，还供出1932年被捕的李惠馨是邓中夏的妻子。

就在还有19天就可以恢复自由的时候，敌人知道了施义原来是大名鼎鼎的邓中夏！于是又开始对邓中夏进行刑讯逼供。由于邓中夏坚决不承认敌人的指控，敌人拿不准林素琴的口供是否属实，7月26日，他们将被关押了半年多时间的李惠馨带到高三分院，想通过旁敲侧击、拐弯抹角的办法，弄清楚邓中夏的真实身份。

李惠馨被国民党士兵押到租界内的法庭上。她猜到了敌人的意图，虽然十分渴望见到邓中夏，但知道自己决不能在敌人面前流露真情，给邓中夏带来危险。

邓中夏被敌人带过来了。李惠馨抬起头，恰好邓中夏也转过身来。就在彼此目光交接的时候，他们都明白了敌人的用意。邓中夏回过身，对着审判长说："我不认识这个女人！"

审判长气急败坏地大叫："没有问你，为什么说话？"

敌人让李惠馨辨认邓中夏。李惠馨看到

邓中夏吃力地站在那里，手腕和脚腕都有血迹斑斑的伤痕，瘀在袖口和裤脚的血痂呈紫红色，心里非常难受。但为了掩护邓中夏，她强忍着心中浪拍涛激般的情感，平静地回答："不认识！"

敌人的这次阴谋未能得逞，又从多方面进行侦探。而邓中夏的大名如日中天，不久，敌人查明"施义"就是邓中夏。

国民党中央党部调查科如获至宝，立即报告给蒋介石。正在江西南昌"剿共"的蒋介石，过去和邓中夏打过交道，知道邓中夏绝对不会屈服投降，于是给心狠手辣的南京宪兵司令谷正伦拍去一封电报，命令他，邓中夏"解到即行枪毙"。国民党中央党部和南京宪兵司令部立即派大员去上海，花费一万块现大洋，收买了法租界巡捕房的上上下下，并以国民党中央的名义，强令高三分院作出准许邓中夏"移提"的裁决。

有钱能使鬼推磨，为钱推磨的就是鬼。于是，法租界准许国民党引渡邓中夏。

邓中夏看到自己已经暴露，索性公开了自己的身份，并利用一切机会进行革命宣传，以共产党人的英雄气概，同敌人展开面对面的斗争。

1933 年 9 月 16 日，敌人把邓中夏从上海押到南京，关押在国民党首都宪兵司令部看守所。这里，是一座国民党反动派精心打造的神秘的"魔窟"，常年关押着 200 多名共产党人和革命志士。敌人把邓中夏关押在 11 号监牢内，依然用"施义"称呼邓中夏。

这次，是邓中夏不满意了，他轻蔑地说："就写邓中夏不好吗？真是反革命的官样文章！"

当时，共产党人陶铸、郑绍文等都被敌人关在这里。由于革命正处于危难时刻，邓中夏又长期遭到党内"左"倾机会主义者的打击迫害，因此大家都很关心邓中夏的政治立场。

一次监狱放风时，陶铸问与邓中夏同在一个监室的郑绍文："老大哥有什么打算吗？"

郑绍文把这句话转述给邓中夏。邓中夏知道，同志们是在关心自己的政治态度。他以少有的严肃和激动，大声庄重地说："请告诉同志们，我邓中夏化成灰也是中国共产党员！"

国民党中央党部调查科，就是恶贯满盈、臭

名昭著的国民党特务组织中统。本来，按照蒋介石的指令，要对邓中夏"即行枪毙"。但中统特务机关好不容易抓到了一个共产党的大人物，不甘心就这样徒劳无功，还存在着一丝幻想，随即把蒋介石的手令丢到一边，企图通过软硬兼施的手段，迫使邓中夏归降。

邓中夏起初被关在条件十分恶劣的 11 号牢房，几天后，被转到条件好一些的"优待室"。这里可以散步，吃得也比原来好些。邓中夏看穿了敌人的伎俩，为了表示坚定的斗争意志，他在监狱的墙上刻下 4 个字：浩气长存！

敌人开始了劝降活动。他们先派曾经和邓中夏同为中共驻共产国际代表团成员的余飞当说客。余飞本名余茂怀，是中共六大的中央委员，和邓中夏一起担任过中共驻共产国际代表团成员，还和邓中夏一起参与反对王明宗派主义的斗争，却经不起革命斗争的考验，1932 年 9 月被国民党逮捕后，随即叛变革命。对这种朝秦暮楚、朝三暮四的叛徒，邓中夏向他宣传革命者的人生观，谴责他的尤耻行为。在邓中夏大义凛然的怒斥声中，余飞自惭形秽，无地自容，灰溜溜地走了。

国民党知道邓中夏正在遭受王明一伙的打压。于是一个国民党"大人物"在以高官厚禄诱惑的同时，假装关心地对邓中夏说："你是共产党的老前辈，现在却受莫斯科回来的那些小辈欺压，连我们都为你感到不平！"

邓中夏轻蔑地回答："这是我们党内的事，你有什么权力过问？一个患深度杨梅大疮的人，有资格嘲笑偶尔伤风感冒的人吗？"

一个靠着指鹿为马、摇唇鼓舌混上国民党中央委员的文痞，自信天生三寸不烂之舌，不知天高地厚地要和邓中夏"谈谈理论"，被邓中夏驳斥得理屈词穷，满脸通红。最后邓中夏说："假如你们认为我邓中夏有罪，请你们在南京公开审判我。谅你们的蒋委员长第一个不敢这样办！"国民党的理论大员自取其辱，狼狈离去。

敌人见软的不行，又来硬的。但法西斯的刑具更加激起邓中夏对敌人的蔑视和仇恨。敌人把邓中夏打得浑身是伤，两只手被电刑烧得枯焦发黑，惨不忍睹。但邓中夏始终不向敌人屈服。

一次，邓中夏受刑昏死过去。苏醒的时候，听到一个国民党特务满嘴胡吣、出言不逊，当即愤怒地对这个特务说："你知道吗？你们活着狂吠的日子不会很久了！"

特务强装嘴硬："你难道想死，不想出去？"

邓中夏冷笑一声："进来就没有想过出去。你们可以把我杀死，但你们绞杀不了中国革命！"

掷地有声，正气凛然，这就是一个共产党员在生死面前的庄严回答，是一个共产党员至死不变的崇高信念，摧枯拉朽，锋不可当，所向披靡！

17 红花如血

敌人耍尽阴谋诡计，使尽卑鄙伎俩，却一一落空，毫无所获。国民党特务机关这才不得不把邓中夏的案件交给国民党南京宪兵司令部军法课。

南京宪兵司令部军法课，在国民党统治时期，这个秘密机关杀害的革命者成千上万，许多人听到这个名字就不寒而栗、毛骨悚然。

邓中夏知道，留给自己的时间不多了，敌人马上就会对自己下毒手。在敌人的监狱里，邓中夏鼓励同志们坚定革命意志，保持共产党员的气节。他告诉同志们：人只有一生一死，要生得有意义，死得有价值。他说："一个人不怕短命而死，只怕死的不是时候，不是地方。一个人能为了最多数中国民众的利益，为了勤劳大众的利益而死，这是虽死犹生，比泰山还重。"

面对敌人的威迫利诱、雕心鹰爪，邓中夏毫无畏惧地说："古今中外，没有不流血的革命，能为革命而牺牲，也就等于不死。"

在最后的日子里，邓中夏怀着对党的无限热爱，对共产主义事业的无限忠诚，给党写下一封饱含深情的绝笔信，向党和同志们作最后的告别："同志们，我快要到雨花台去了，你们继续努力奋斗吧，最后的胜利终于是属于我们的！"

1933年9月21日黎明，敌人打开牢门，提邓中夏出去。敌人的狂吠乱叫，在黑夜中显得特别丧心病狂、阴森恐怖，惊醒了整个狱中的难友。同志们明白，敌人要对邓中夏下毒手！大家心里都有说不出的悲痛和愤怒。

邓中夏镇静从容地穿好衣服，理了理头上的长发。走出牢门的那一刻，邓中夏仿佛看到一扇扇黝黑的牢门后面那一张张熟悉的面孔，看到暗夜中一双双饱含深情的眼睛。突然，邓中夏炸雷般地发出革命者的怒吼："打倒国民党！共产党万岁！全世界无产者联合起来！"

声音铿锵，音调激昂，在黎明前越发显得高

亢嘹亮，冲破暗夜，震撼夜空！

难友们被邓中夏激昂的呼喊声所深深打动，用滚烫的泪水为这位无产阶级的英雄战士送行。敌人手忙脚乱，赶紧用绳子将邓中夏捆绑后，推上卡车，开往雨花台刑场。

雨花台，是南京城一座松柏环抱的秀丽山岗，高约 100 米，长约 3.5 公里，由 2 个紧紧相依的山岗组成，古称玛瑙岗、聚宝山。在国民党政权统治时期，雨花台却沦为屠杀共产党人的罪恶的刑场，成为新民主主义革命烈士的殉难处，22 年中，竟有近 10 万共产党人和革命志士在此被杀害！美丽的雨花台洒满了革命烈士殷红的鲜血，秀丽的山岗成为刽子手逞凶肆虐的地方。

而在 1933 年 9 月 21 日这个漆黑如墨的残夜，中国共产党的创始人之一，伟大的无产阶级革命家邓中夏，也成为雨花台近 10 万革命烈士中光荣的一员，成为倒在雨花台上入党时间最早和最为著名的伟大的共产党人。

临刑前，敌人扯下堵在邓中夏口中的破布，色厉内荏地向邓中夏发问："这是你最后的悔过机

会了，你还有话要说吗？"

邓中夏斩钉截铁地回答："我一生从未做过后悔的事！"

一个宪兵跟着问了一句："你还有话吗？"

邓中夏看了他一眼："对你们当兵的人，我有一句话说，请你们睡到半夜三更好好想一想，杀死了为工农民众谋福利的人，对你们有什么好处？"

邓中夏的话还没有说完，敌人的监斩官赶紧命令暴徒开枪。

黎明前，一片漆黑，一片死寂。雨花台的幽谷中，爆发出惊天动地的呼喊："中国共产党万岁！"

暗夜里，松柏旁，邓中夏英勇地倒在敌人的枪口下，为共产主义事业献出了宝贵的生命，时年39岁。

邓中夏的热血，洒在雨花台上，洒向中华大地，与无数革命志士的鲜血融合在一起，染红了祖国的土地，浸透了一块块霞明玉映的雨花石。烈士的铮铮铁骨，与雨花台近10万革命者的忠骨紧紧合抱在一起，锻造出一个伟大而不朽的名字——

烈士!

热血泼洒，雨花飞舞，宣告着光明的临近，呼唤着东方的朝霞，迎接着祖国的清晨。

邓中夏牺牲后，从南京国民党的监狱中，传出邓中夏的一首遗诗：

> 那有斩不除的荆棘？
>
> 那有打不死的豺虎？
>
> 那有推不翻的山岳？
>
> 你只须奋斗着，
>
> 勇猛的奋斗着，
>
> 持续着，
>
> 永远的持续着。
>
> 胜利就是你的了！
>
> 胜利就是你的了！

这首诗，有个响亮的名字:《胜利》！不过，这不是邓中夏在狱中所作，而是 1921 年春在保定担任新文学教授时创作的一首新诗。当时，邓中夏已经成为共产党员，选定了自己的人生方向，坚信人类必将迎来赤旗飞舞的世界。歌咏言，诗言志，在此后的漫漫征程中，不论是刀山剑树，还是峻隘险关，邓中夏始终用青春和热血，用生命和奋斗，实践着自己的铮铮誓言，谱写出最为绚丽灿烂的人生信念之诗、奋斗之诗、胜利之诗！

1944 年 9 月，毛泽东在著名的《为人民服务》一文中，引用了古人司马迁的一句名言，"人固有一死，或重于泰山，或轻于鸿毛"，并鲜明地指出：为人民利益而死，就比泰山还重，替剥削人民和压迫人民的人去死，就比鸿毛还轻。

而在此 10 年前，身处囹圄的邓中夏也想起了司马迁的这句名言。他说："中国人很重视死，有重于泰山，有轻于鸿毛。为个人升官发财而活，那是苟且偷生的活，也可以叫作虽生犹死，真比鸿毛还轻。"

邓中夏的死，是为了最多数中国民众的利益，为了所有勤劳大众的利益，虽死犹生，比泰山还重！

烈士不朽，烈士千古，烈士永生！

邓中夏牺牲后，与之相濡以沫的妻子李惠馨

在狱中得到消息，心如刀割，悲痛万分。出狱后，为缅怀邓中夏，随即改名夏明，以示继承先烈遗志、永生不忘先烈的决心。

大木拄长天，肝胆两昆仑，毛泽东与邓中夏是长期并肩战斗的战友。八七会议后，邓中夏与毛泽东握手告别，从此天各一方，再没相见。对邓中夏的牺牲，毛泽东深感悲痛。延安时期，毛泽东多次向李夏明谈起邓中夏的事迹。1945年3月1日，毛泽东给李夏明写信，希望她宽心休养，恢复身体，继续工作，"以继启汉、中夏之遗志"。

当死亡来到眼前，邓中夏在监狱的墙壁上写下10个大字："伫看十年后，红花开满地。"

金风送爽，人间伏虎！1949年10月1日，在邓中夏牺牲的10多年后，烈士的预言变成了现实，天安门前红旗汇成火的海洋，呼啦啦迎风飞舞，祖国大地红花似火，百花吐艳。

热血倾洒雨花台，浇灌红花满地开。春风拂煦，春雨落下，春天的雨花台，花团锦簇，姹紫嫣红。新中国成立后，为缅怀先烈，在这片洒下无数革命志士鲜血的土地上，建起雨花台烈士陵园。毛泽东亲笔题写"死难烈士万岁"6个大字，表达了中国人民对长眠于此的邓中夏等烈士的深切怀念。这里，是中国掩埋革命烈士忠骨最多的地方，也是新中国规模最大的纪念性烈士陵园，已经成为全国重点文物保护单位，是全国爱国主义教育示范基地。

家乡人民更是忘不了从莽莽大山走出的优秀儿女。在邓中夏诞辰100周年之际，湖南省宜章县修建了中夏公园。公园占地65亩，园内有100级花岗岩台阶。台阶前右方的一块墨石，刻着毛泽东手书"继启汉中夏之遗志"；与之相对的墨石上，刻着邓中夏在筹备建立中国共产党的日子里撰写的《过洞庭》一诗。金灿灿的邓中夏铜像背依青山，面向五岭，铜像底座镌刻着江泽民手书"邓中夏同志"5个大字，颜筋柳骨，笔道雄劲，格外醒目。邓中夏的铜像身披风衣，左手握拳，右手叉腰，挺胸抬头，雄视远方，展现了革命英烈叱咤风云的无产阶级英雄气概，昭示一代伟人正气凛然的大无畏战斗精神。

红花如血，雨花成石！邓中夏，用生命和热血，浇灌出祖国春天的万紫千红、繁花似锦，装点着祖国大地的春光万里、春色满园。高山巍巍，江河滔滔，邓中夏，已化作巍巍高山、滔滔江河，融进祖国的锦绣大地，与天地同在，与日月同辉！邓中夏的英名，永远闪耀在中华民族奋斗不息的英雄史册上，千秋万代，永不褪色，永不磨灭！

图书在版编目（CIP）数据

邓中夏 / 张树军主编；王相坤，李克实编著. --北京：学习出版社，2020.9（2021.5重印）
（中华先烈人物故事汇）
ISBN 978-7-5147-0995-7

Ⅰ.①邓… Ⅱ.①张… ②王… ③李… Ⅲ.①邓中夏（1894-1933）—传记 Ⅳ.①K827=6

中国版本图书馆CIP数据核字（2020）第149818号

邓中夏
DENG ZHONGXIA

主编/张树军　　副主编/王相坤　　编著/王相坤　李克实

责任编辑：张　俊　　　　　封面绘画：徐玉华
技术编辑：周媛卿　朱宝娟　　内文插图：李承东
美术编辑：杨　洪

出版发行：学习出版社
　　　　　北京市东城区崇外大街11号新成文化大厦B座11层
　　　　　（100062）
　　　　　010-66063020　010-66061634　010-66061646
网　　址：http://www.xuexiph.cn
经　　销：新华书店
印　　刷：北京市密东印刷有限公司

开　　本：787毫米×1092毫米　1/32
印　　张：5.25
字　　数：74千字
版次印次：2020年9月第1版　2021年5月第2次印刷

书　　号：ISBN 978-7-5147-0995-7
定　　价：20.00元